艺术体育
高校学术研究论著丛刊

不同视域下大型体育赛事运作管理研究

黄武胜 著

中国书籍出版社
China Book Press

图书在版编目(CIP)数据

不同视域下大型体育赛事运作管理研究 / 黄武胜著
. --北京：中国书籍出版社，2019.6
ISBN 978-7-5068-7315-4

Ⅰ.①不… Ⅱ.①黄… Ⅲ.①运动竞赛—组织管理—研究 Ⅳ.①G808.22

中国版本图书馆 CIP 数据核字(2019)第 112710 号

不同视域下大型体育赛事运作管理研究

黄武胜 著

丛书策划 谭 鹏 武 斌
责任编辑 成晓春
责任印制 孙马飞 马 芝
封面设计 东方美迪
出版发行 中国书籍出版社
地　　址 北京市丰台区三路居路 97 号(邮编:100073)
电　　话 (010)52257143(总编室) (010)52257140(发行部)
电子邮箱 eo@chinabp.com.cn
经　　销 全国新华书店
印　　刷 三河市铭浩彩色印装有限公司
开　　本 710 毫米×1000 毫米 1/16
印　　张 15.25
字　　数 265 千字
版　　次 2021 年 1 月第 1 版 2021 年 1 月第 1 次印刷
书　　号 ISBN 978-7-5068-7315-4
定　　价 71.00 元

目　录

第一章 体育赛事概述

体育赛事是伴随着体育运动的不断发展而逐渐产生的一种重要的体育文化现象。体育离不开竞赛，体育要想获得社会和人们的普遍认可，必须通过竞赛来实现。体育赛事在推动竞技体育发展方面发挥了非常重要的作用，它丰富了社会文化并促进了社会文明的进步。本章主要就体育赛事的基本理论知识内容进行详细解析，以为体育爱好者和运动参与者更加全面地了解体育赛事提供理论指导。

第一节 体育赛事的起源与发展

一、体育赛事的起源

体育赛事是一种人类有目的、有组织的竞技性文化活动。体育赛事的形成与正式产生充分显示了体育竞技性在推动体育发展方面的重要动力作用。

（一）早期游戏竞技

体育起源于人类早期的生产劳动与生活，在早期人类与大自然做斗争的过程中总会遇到各种各样的直接性的体能、智力较量，在竞技与比拼中获胜是早期人类获得生产生活资料的唯一方式。

旧石器时代中期，人类开始使用和制作工具，这极大地促进了人类的生产技能和劳动技能的发展，使得人类的劳动技能更加复杂和精细化。制作和使用工具还在客观上促进了人类的思维和语言的迅速发展，促进了社会文明的进步，并使得人类在生产生活资料获取方面有了更多的收获，人们有了更多的娱乐和休闲时间。

旧石器时代晚期，人类逐渐学会了制造标枪和弓箭等复合工具。这一时期，随着原始的农业、畜牧业、纺织业、制陶业等的出现，生产劳动过程变得更为复杂，生存环境要求人类必须具备在各种条件下的生存技能，如射箭、举重、投掷等技能。这些运动技能和各种动作被人们更精细地整理分类和有计划地学习，成为有组织内容的身体练习。为了实现自身的长期发展，确保部落和民族的始终强大，在部落和民族内，会由长者检验适龄人群的生产劳动技能能力，并确认他们是否具备有关知识与生存技能。由此，便出现了专供训练的场所与机构。人们在这里学习劳动、格斗、舞蹈、部落的历史与各种习俗等方面的知识与技能，并通过一些比赛性的活动检验或促进学习。这种原始的民俗活动大大推动了早期人类体育竞技活动的形成与发展。

早期人类的身体活动内容取材于对生产劳动中的各种技能动作模仿，游戏过程的进行，需要不同的参与者在相同的条件约束下开展，需要双方共同遵守约定，于是就出现了具有约定条款的规定，这就有了最初的游戏活动规则的出现，而不同参与者的技能展示就必然会有优良之分，由此形成了包括竞技参与者、场地器材和规定三位一体的竞赛形式。围观者为优胜者呐喊助威，优胜者获得称赞，这就使得游戏活动又体现出鲜明的竞技性。这种竞技性的身体游戏活动就是体育竞赛的雏形。

在早期人类的身体游戏竞技活动的发展过程中，游戏内容不断增多，游戏形式日益规范，并且，这种身体游戏在很长的时间内为促进早期人类的生产生活技能的发展发挥了重要的促进作用。

（二）古代体育赛事的形成

有研究者认为，古代体育赛事的形成与以下几个因素密切相关。

(1)古代体育赛事从“游戏”发展而来。人们参与体育赛事的最初目的是为了愉悦身心，只不过体育活动是一种比较高级的游戏方式，人们在玩的过程中往往会产生“比试”一下的心理，通过竞赛看谁“玩”得更好。

(2)体育竞赛的发展是人对身体关注的发展的需要。人对自身身体发展的需要促进了体育竞赛的出现。人们为了获得最基本的生活物质需要，就需要想尽一切办法达到目的，比如拥有跑得要快，跳得要高，战胜对手等技能，这些技能从大量的生产劳动中分化出来，经过锻炼，对于提高个体的身体控制力和增加身体爆发力具有重要的帮助作用。

(3)重视体育教育。在古代，无论是国内还是国外，都非常重视对后代的培养，在成人礼前会对男青年进行各种体能、心理、艺术性训练。身体技能训练是个体各方面发展的重要基础。

(4)祭祀中的身体表演。在古代一些祭祀活动中会有身体表演活动。在希腊神话中，到处都可以见到人们对力量的崇敬。日常生活中，古希腊人普遍推崇高大健美强壮的体魄和灵巧矫健的运动，并愿意为此付出艰辛的努力。这种表演活动是对身体活动的有组织的连续。这种早期祭祀活动中体育竞技的产生，表明组织化的运动形式已经出现，为最早的体育赛事的产生奠定了形式基础。例如，现代奥运会中，在开幕式中仍有一些传递火炬、点燃火炬的仪式的举办。

(5)体育中的竞技文化。早期西方的海洋生存环境下，由于城邦众多，腹地狭窄，为了生存，谋求发展，各城邦、民族均具有强烈的竞争意识。文艺复兴运动以后，变化、超越、革新更是成为西方社会的一时风尚。这种竞争意识表现在古代欧洲人民社会生活的各个方面，随着体育运动的发展，催生了体育竞技活动。

从体育文化发展的角度来说，体育竞技活动是早期身体练习发展的必然结果，并与之共存而流传下来，但它与一般的身体练习又有着本质的区别。体育竞技活动不是简单地模仿自然动作和劳动动作，而是更多地运用了人为设计的身体练习形式，如爬杆、抽陀螺等游戏活动。这种竞技性的体育游戏活动中充分表现出了运动参与者的运动能力、智慧、意志以及审美情感等因素，因此成为古代人表达对人体运动的赞美、追求人体运动极限、彰显部落（民族、国家）实力的重要社会文化活动。

体育竞赛从雏形到正式形成，经历了漫长的发展过程。在这个发展过程中，生产劳动都起着至关重要的决定性作用。体育技能从生产劳动中分化出来，使得体育成为一种独立的文化现象，而有组织的体育文化活动的集合，便进一步构成的体育竞赛活动。

（三）现代体育赛事的诞生

现代体育赛事诞生于西方，最早出现在 14 世纪的欧洲。现代体育赛事的诞生，受以下几个因素的重要影响：

1. 体育思想的解放

中世纪以后的欧洲，封建制度开始没落，欧洲部分地区资本主义制度开始萌芽，新兴的资产阶级开始逐步登上历史舞台。从 14 世纪开始，欧洲大陆连续发生了文艺复兴、宗教改革和启蒙运动，渐渐打破中世纪宗教神学对人们思想的禁锢。在科学理性与人文精神的支配下，人的主体地位和价值尊严重新获得尊重。

在人的思想得到了进一步解放的同时，对身体的解放首次得到了大众的关注。关注人自身的发展，关注人体健康成为这一时期从关注“神权”向关注“人权”的重要转变。人文主义哲学相比于自然哲学，更加重视人们对自身存在的问题的发现，重视身心的同步发展，重视人的价值、尊严、力量发展，并提出了“教育应以使人得到全面发展”的教育观点。关注人自身发展，强调体育教育的思想观念为现代体育及体育赛事的发展奠定了思想基础。

2. 工业革命的推动

随着生产力的不断发展，人类所使用的生产工具不断革新，机器大工业生产也开始迅速展开，这些都极大地提高了人类的生产能力，物质生活资料变得更为丰富，人们有了更多的闲余时间去从事体育健身、观赏体育竞技表演。

3. 社会文化发展的促进

随着城市的现代化发展、交通工具的进步，信息传播技术（如广播、电视）等的发展，人们之间的交流更为方便，交流机会大大增加，这些都为体育运动的发展和体育竞赛活动的开展奠定了坚实的物质基础。

体育竞赛的产生是社会发展的必然结果。体育与社会的经济、政治、文化、教育等方面具有密切的联系①，伴随着这些社会因素发展和进步，现代体育竞赛活动逐步形成，并极大地丰富了人们的现代生活，促进了社会体育经济的快速发展，同时也促进了社会文明的发展。体育竞赛成为富有丰富价值内涵和文化教育意义的社会文化活动形式，并且作用力和影响力不断扩大，受到了各国政府的高度重视。现代体育赛事产生后发展迅速。

二、体育赛事的发展

（一）世界体育赛事的发展

世界体育赛事的发展以各个体育项目竞赛的举办为重要内容。随着各运动项目发展的日益成熟，为了促进更多具有高水平运动技能的人进行技能较量，同时也为了扩大体育运动项目的社会影响，各种单项体育赛事纷纷建立并迅速发展。

世界范围内的体育竞赛内容丰富、类型多样、规模不一，这里重点以以下体育赛事为代表对世界体育赛事的发展历程进行简要阐述。

① 史国生，邹国忠．体育竞赛组织与管理[M]．南京：南京师范大学出版社，2008.

1. 现代奥林匹克运动会

现代奥林匹克运动会的正式建立，使得世界体育赛事的发展进入了一个新的历史时期。

现代奥林匹克运动的创始人是法国教育家皮埃尔·德·顾拜旦。1892 年 11 月 25 日，顾拜旦在“法国体育联合会”成立 3 周年纪念大会上，发表了题为《复兴奥林匹克》的演说，提出创办现代奥运会的倡议，得到了广泛支持。

1894 年 6 月 23 日，国际奥林匹克委员会正式成立，官方语言为法语。沿袭古奥运会传统，现代奥林匹克运动会每 4 年举办一次，包括夏季奥运会和冬季奥运会。1896 年，希腊雅典举办了第 1 届现代奥林匹克运动会。

现代奥林匹克运动会的倡议和付诸实践是人类体育史上的重要创举，奥林匹克运动以身体活动来进行文化、艺术、思想表达，表现出多元文化特点(表 1-1)，具有重要的社会文化意义。

表 1-1　奥林匹克运动文化解析

特征	文化内容	文化意义
身体性	身体活动文化	展现人体的美 体现人的本质和追求
象征性	奥林匹克标志	世界和平、民族团结
	奥林匹克圣火	激励人类不断进取，追求理想
	奥运会会标	表现不同时代、不同民族、不同国家等丰富的含义
	奥运会吉祥物	彰显地区、民族特色文化
	奥运会口号	宣扬体育精神
竞争性	决出胜负	超越自我，永争第一 更快，更高，更强
多元性	开幕式的各国文化展示和表演	体现不同国家、民族、文化的融合、平等、交流

从全球化的视角来看，奥运会的全球化方式是以体育运动会的形式来展开的。《奥林匹克宪章》解释称："奥林匹克标志代表的是五大洲的团结和全世界运动员在奥林匹克运动会上相会。"进入 21 世纪以来，奥林匹克运动的全球化更是势不可挡，奥运会接纳了更多不同国籍的人，接受了更多的不同的文化，全球的所有文化都可以在奥林匹克运动会这个浓缩的空间中有着充分的展示、交流。

截止到 2018 年，现代奥林匹克夏季运动会已经举办了 31 届（有三次停办，表 1-2），极大地促进了世界范围内各个国家、地区、民族的体育文化交流，但不仅限于体育文化的交流。

表 1-2 历届奥林匹克奥运会（夏季）概况

届数	年份	举办国家	主办城市
第 1 届	1896	希腊	雅典
第 2 届	1900	法国	巴黎
第 3 届	1904	美国	圣路易斯
第 4 届	1908	英国	伦敦
第 5 届	1912	瑞典	斯德哥尔摩
第 6 届	1916	德国	柏林（一战停办）
第 7 届	1920	比利时	安特卫普
第 8 届	1924	法国	巴黎
第 9 届	1928	荷兰	阿姆斯特丹
第 10 届	1932	美国	洛杉矶
第 11 届	1936	纳粹德国	柏林
第 12 届	1940	日本	东京（二战停办）
第 13 届	1944	英国	伦敦（二战停办）
第 14 届	1948	英国	伦敦
第 15 届	1952	芬兰	赫尔辛基
第 16 届	1956	澳大利亚	墨尔本
第 17 届	1960	意大利	罗马

续表

届数	年份	举办国家	主办城市
第 18 届	1964	日本	东京
第 19 届	1968	墨西哥	墨西哥城
第 20 届	1972	联邦德国	慕尼黑
第 21 届	1976	加拿大	蒙特利尔
第 22 届	1980	苏联	莫斯科
第 23 届	1984	美国	洛杉矶
第 24 届	1988	韩国	汉城(今首尔)
第 25 届	1992	西班牙	巴塞罗那
第 26 届	1996	美国	亚特兰大
第 27 届	2000	澳大利亚	悉尼
第 28 届	2004	希腊	雅典
第 29 届	2008	中国	北京
第 30 届	2012	英国	伦敦
第 31 届	2016	巴西	里约热内卢
第 32 届	2020	日本	东京(尚未举办)
第 33 届	2024	法国	巴黎(尚未举办)
第 34 届	2028	美国	洛杉矶(尚未举办)

2. 亚洲运动会

亚洲地区，水平最高、规模最大的综合性运动会就是亚运会。早期的远东运动会以中国、日本、菲律宾三国为主，是亚洲局部地区的综合性运动会。

1931 年，远东奥林匹克协会成立，后改称“远东体育协会”，至 1934 年，在中国、日本、菲律宾三国间轮流举办远东运动会共 10 届。

1934 年，举办了历史上唯一一届有印度、锡兰、阿富汗、巴基斯坦参加的西亚运动会。远东运动会与西亚运动会对亚洲近现代体育运动赛事的兴起与发展起到了重要的推动作用。

1949 年，亚洲运动联合会（亚运联）在印度新德里成立，决定在两届奥运会之间，每 4 年举办一届亚运会，截止到目前，亚运会已经成功举办 18 届（表 1-3）。亚运会为促进亚洲体育运动的发展和促进亚洲体育文化与世界体育文化的交流发挥了重要的推动作用。

表 1-3　历届亚运会概况

届次	年份	举办国家	主办城市
第 1 届	1951	印度	新德里
第 2 届	1954	菲律宾	马尼拉
第 3 届	1958	日本	东京
第 4 届	1962	印度尼西亚	雅加达
第 5 届	1966	泰国	曼谷
第 6 届	1970	泰国	曼谷
第 7 届	1974	伊朗	德黑兰
第 8 届	1978	泰国	曼谷
第 9 届	1982	印度	新德里
第 10 届	1986	韩国	汉城（今首尔）
第 11 届	1990	中国	北京
第 12 届	1994	日本	广岛
第 13 届	1998	泰国	曼谷
第 14 届	2002	韩国	釜山
第 15 届	2006	卡塔尔	多哈
第 16 届	2010	中国	广州
第 17 届	2014	韩国	仁川
第 18 届	2018	印度尼西亚	雅加达
第 19 届	2022	中国	杭州
第 20 届	2026	日本	名古屋

3. 其他体育竞赛

发展到现在，世界范围内已经有相当数量的体育赛事，几乎每一天都有大大小小的体育赛事在举办，很多单项体育竞赛在世界范围内的影响力都非常大。随着社会的不断发展，世界各体育组织还积极举办形式多样的系列赛事、冠军赛、大奖赛、积分赛、邀请赛等高规模和等级的赛事。

目前，世界著名的体育赛事主要有以下几类：

(1)世界单项体育锦标赛。如世界乒乓球锦标赛、世界游泳锦标赛。

(2)世界杯赛事。如足球世界杯。

(3)大奖赛。如世界女排大奖赛、花样滑冰大奖赛。

(4)冠军赛。全国羽毛球冠军赛、全国武术套路冠军赛、全国武术散打冠军赛。

(5)系列赛事：如网球大满贯(澳网、法网、温网、美网)赛事。

(6)其他赛事。

(二)中国体育赛事的发展

在我国古代，受传统哲学思想和自给自足的经济发展的影响，我国体育多与健身强体、保健养生、道德礼仪教育等有关，体育竞赛形式不多。

西方体育传入我国后，我国近代早期比较正规的各种体育赛事，均是由教会学校和基督教青年会开展的。

我国体育赛事迎来快速持续发展的时期是在新中国成立之后。这里重点对新中国成立后我国体育赛事的发展进行阐述。

1. 举办国内体育赛事

新中国成立后，我国体育赛事进入了一个快速发展的阶段。在这一时期，党和政府把培养大量的运动竞赛人才，作为促进我国社会主义体育事业发展的重要环节。我国的运动赛事开始从以学校为主体向全民参与和高水平的方向发展。

新中国成立后，体育运动赛事发展是从初期的全民性赛事活动中开展起来的。

1950—1957 年，在国家大力发展体育的社会背景下，我国投入了大量的人力、物力，大力兴建各种类型的体育场馆，体育院校纷纷建立起来，与运动赛事相关的制度也制定并颁布，这无疑对我国运动赛事的发展具有重要的推动作用。这一时期我国还举办了首届全军运动会和全国工人运动会。

1958—1965 年间，我国的体育运动赛事的发展遭受到了重要的挫折，严重制约和影响了我国体育赛事的发展。

经过一段时间的曲折发展后，我国端正体育发展思想，国家体委推出“调整、巩固、充实、提高”的方针政策，采取针对性的措施和手段，体育赛事逐步重新回归正轨。我国成功举办了第 1 届和第 2 届全国运动会。

但由于受历史因素影响，在经过短暂的复苏之后，我国体育事业的发展又遭到了严重的破坏，我国的竞技运动水平急剧下降，体育赛事的种类和数量严重下滑。

1977 年后，我国体育运动赛事体系逐步得到恢复，赛事活动范围和规模得到扩大，这极大地推动了我国体育运动水平的提高和群众体育运动的普及与发展。

20 世纪 80 年代之后，我国的体育运动赛事规模继续得到扩大。这一时期各种类型的体育运动会得以举办，如全国大学生运动会、全国少数民族运动会、青少年运动会、全国残疾人运动会、农民运动会等。这些运动会的举办，对我国体育赛事的完善与发展具有重要的意义。

1983—2001 年间，我国先后举办了第 5、6、7、8、9 届全运会。从第 10 届全运会开始，国家体育总局出台全运会的争办相关规定，通过竞争，江苏省获得了举办十运会的资格并于 2005 年成功举办。截止到 2018 年，我国已经成功举办了 13 届全运会(表 1-4)。全运会的举办是我国体育界的一大盛事，它对我国体育赛事组织与管理水平的提高具有重要的作用。

表 1-4 历届全运会的概况

届次	年份	举办地
第 1 届	1959	北京市
第 2 届	1965	北京市
第 3 届	1975	北京市
第 4 届	1979	北京市
第 5 届	1983	上海市
第 6 届	1987	广东省
第 7 届	1993	北京市
第 8 届	1997	上海市
第 9 届	2001	广东省
第 10 届	2005	江苏省
第 11 届	2009	山东省
第 12 届	2013	辽宁省
第 13 届	2017	天津市

随着我国国家实力的不断增强，近年来，我国每年组织召开的体育赛事的类型呈逐步增多的趋势，规模也逐步扩大，既有国际比赛，也有国内比赛，既有综合性运动会，也有单项运动赛事等，新时期我国体育赛事发展态势良好。

2. 参加亚洲体育赛事

第 1 届亚运会于 1951 年在印度举办，我国被邀请参加，但是由于新中国在当时刚成立不久，各项事业百废待兴，因此只派了一个代表团参观，并没有运动员参赛。

1954 年，第 2 届亚运会举办时，主办方坚持要求台湾代表中国参加亚运会，面对这一不合理的安排，我国拒绝参加亚运会，此后 20 年时间均未参加亚运会。

20 世纪 70 年代后，我国在亚洲和世界的影响越来越大，这在很大程度上影响了亚运会在举办时对我国的国际政治地位的考虑。中国是亚洲乃至世界范围内的一个非常重要的国家，中国的主权应该被尊重。

1973 年，亚运联理事会特别会议在伊朗德黑兰举行，该次会议就中国参加亚运会的身份进行了讨论，最后，会议以压倒多数通过决议确认了中华体总在亚运联的合法席位。

1974 年，第 7 届亚运会在德黑兰举办，中国首次派出运动员参加亚运会，在整个亚运会期间中国运动队表现出色，获得了金牌总数第 3 名的好成绩。

1978 年，第 8 届亚运会上，中国获金牌总数跃居第 2 位。

1982 年，第 9 届亚运会上，中国代表团金牌总数超过了历届亚运会第 1 名的日本，首次居第 1 位，彰显了我国强大的竞技体育运动实力。

1986 年，第 10 届亚运会上，中国第二次获得亚运会的金牌总数第 1 名。

1990 年，第 11 届亚运会在我国北京举行，这是我国首次承办亚运会。在这场体育运动盛会上，我国运动员表现出色，最终我国取得了 183 枚金牌，金牌总数占金牌总数的 59%，位居金牌榜第 1 位。

进入 21 世纪以后，我国体育事业获得了快速的发展，竞技体育运动实力不断增强，每一次的亚运会上，我国的运动员都有良好的表现，我国竞技体育运动追捧整体实力在亚洲各国居领先地位。

3. 参加奥运会

奥运会是一项世界性的国际体育运动顶级盛会，世界范围内各个国家和地区均把参加奥运会和在奥运会上取得优异的成绩作为评判本国家和本地区竞技体育运动水平的重要标准。我国参加奥运会的历程和成功承办奥运会，表现了我国竞技体育的发展过程。

1952 年，第 15 届奥运会在芬兰举办，由于当时新中国刚刚成立不久，仅派出了 40 人参加，受客观因素的影响，最后仅有 1 人参加了游泳比赛项目。

1954 年，国际奥委会确认了中华全国体总的合法席位，但由于奥委会中一些人企图制造“两个中国”，1958 年，中国奥委会宣布中断与国际奥委会之间的关系，此后，我国与国际奥委会断绝来往长达 30 年。

1971 年，我国恢复了在国际奥委会的合法席位，这一时期，我国体育运动发展迅速，竞技体育运动水平不断提高，在很多国际体育运动竞赛中，我国运动员均有良好表现，并多次打破破世界纪录。

1984 年 7 月，第 23 届奥运会上，我国射击运动员许海峰夺得了射击冠军，实现了我国运动员在奥运会参赛史上的金牌“零”的突破。最终，此次奥运会上，我国共获得 15 块金牌、8 块银牌和 9 块铜牌，金牌总数列第 4 位。此后，我国奥运竞技成绩不断刷新（表 1-5），世界各国对我国刮目相看，中国竞技体育运动正在飞快崛起。

表 1-5　我国历届奥运会（夏运会）奖牌排名

届数	年份	主办城市	金牌数量（枚）	银牌数量（枚）	铜牌数量（枚）
……	……	……			
23	1984	洛杉矶	15	8	9
24	1988	汉城（今首尔）	5	11	12
25	1992	巴塞罗那	16	22	16
26	1996	亚特兰大	16	22	12
27	2000	悉尼	28	16	15
28	2004	雅典	32	17	14
29	2008	北京	51	21	28
30	2012	伦敦	30	27	22

续表

届数	年份	主办城市	金牌数量（枚）	银牌数量（枚）	铜牌数量（枚）
31	2016	里约热内卢	26	18	26
32	2020	东京			
33	2024	巴黎			
34	2028	洛杉矶			
……	……	……			

2008 年，我国成功举办第 29 届北京夏季奥林匹克运动会，这是奥运会第一次走入中国，使得竞技体育运动受到了全世界最广泛的人口关注。该届奥运会在世界范围内具有十分广泛的影响。2008 年北京奥运会由北京主办，上海、天津、沈阳、秦皇岛、青岛为协办城市，香港承办马术项目，共设 302 项（28 种）运动（表 1-6），参赛运动员 11 438 人。2008 年奥运会的举办是一场世界级体育盛会，中国竞技体育运动员基本上都呈现出了自己最佳的竞技状态，中国代表队在北京奥运会中获得 51 枚金牌，100 枚奖牌，占据了奥运金牌榜的第一位（表 1-7）。

表 1-6　2008 年北京奥运会 28 个大项

田径（track and field）	赛艇（canoe）	羽毛球（badminton）	垒球（softball）
篮球（basketball）	足球（soccer）	拳击（boxing）	皮划艇（canoeing）
自行车（cycling）	击剑（fencing）	体操（gymnastics）	举重（weightlifting）
手球（handball）	曲棍球（Field Hockey）	柔道（judo）	摔跤（wrestling）

续表

水上项目 (aquatics)	现代五项 (modern pentathlon)	棒球 (baseball)	马术 (equestrian)
跆拳道 (kickboxing)	网球 (tennis)	乒乓球 (table tennis)	射击 (shooting)
射箭 (archery)	铁人三项 (triathlon)	帆船帆板 (sailing)	排球 (volleyball)

表 1-7　2008 年北京奥运会奖牌榜(前三)

名次	国家	金牌	银牌	铜牌	奖牌总数
1	中国	51	21	28	100
2	美国	36	38	36	110
3	俄罗斯	23	21	29	73

2012 年伦敦奥运会上,中国运动队依然保留了强劲的实力,许多优秀运动员表现出色,获得境外参赛的最好成绩。

经过长期的发展,我国在竞技体育发展的道路上积攒了很多的经验,并通过不断的努力,在很多传统竞技优势项目上不断取得了很多优异的成绩。但随着竞技体育的持续不断发展,我国竞技体育进入一个发展瓶颈期,优势的竞技体育项目潜力被挖掘殆尽,同时,弱势体育项目发展难攀高峰。

新时期,我国竞技体育发展的一个最严重的问题是竞技体育运动后备人才的青黄不接的问题,这一问题日益凸显,对我国竞技体育运动水平的影响逐渐呈现出来。

4. 参加其他体育赛事

世界范围内各种体育竞赛内容丰富、形式多样、种类众多,近年来随着我国对体育事业发展的重视,我国竞技体育获得了快速的发展，我国运动员在各大国际体育单项赛事、国际体育综合赛事中均有良好的表现。除去各种大型的综合性体育运动赛事外，我国运动员还参加了众多的单项体育锦标赛、杯赛等，并取得了优异的比赛成绩，为国家争得了荣誉。

5. 举办国际运动赛事

体育赛事的举办具有多元效益，包括政治效益、经济效益、文化效益等，随着世界体育运动的不断发展，越来越多的国家和地区开始重视体育赛事的承办。

随着我国经济体制的改革与发展，我国的综合国力不断攀升，体育运动竞技水平和赛事组织管理水平也上了一个台阶。我国开始承办各种体育单项和综合赛事，如 1990 年北京成功举办了规模空前的第 11 届亚运会，这届亚运会的成功举办向世人证明了我国举办大型综合性运动会的能力；2008 年北京奥运会的成功举办更是证明了我国举办超大型体育赛事的能力，国际奥委会主席罗格给予北京奥运会“无与伦比”的赞誉。体育赛事的承办经验越来越丰富，通过体育赛事的举办，竞技体育发展在我国引起了广泛的关注，体育运动人口不断增多，对我国竞技体育发展起到了重要的影响和促进作用，

综观我国体育赛事的整个发展历程，通过举办各种类型和规模的体育赛事，我国举办大型体育赛事的组织与管理的能力得到了高度的提升，这不仅极大地促进了我国竞技运动水平的提高，同时对世界体育发展的也做了一定的贡献。

现阶段，我国已经具备了举办世界级体育运动盛会的政治、经济和体育实力，越来越多的竞技体育赛事入驻中国。2010 年，我国在广州成功举办了第 16 届亚洲运动会。当前，我国北京和张家口已经获得了 2022 冬奥会的举办权，并在积极筹备 2022 冬奥会。届时，通过 2022 冬奥会的举办，又将为我国冬季竞技体育运动项目的发展和动机体育运动项目赛事的举办起到重要推动作用，同时也将实现“举办冬奥会将带动起两三亿人参与冰雪

运动”的宏伟目标。当前,我国体育事业发展正在走上良好可持续的发展道路,我国体育赛事的发展也迎来了快速稳步发展的春天。

第二节　体育赛事的概念与分类

一、体育赛事的概念

(一)体育赛事

体育赛事,是指对以体育比赛为核心的一系列活动的总称。体育赛事是一种广义的运动赛事,所有与体育运动相关的赛事都可以被纳入体育赛事的范畴。

从赛事承办和宣传推广的角度来看,体育赛事的举办非常复杂,整个体育赛事的举办包括各种环节和内容,如体育比赛的筹备、组织、规划、实施等,还涉及管理的诸多内容,如门票销售、媒体推广、赞助商合作、广告推广、赛事产品开发等活动。

(二)竞技体育赛事

竞技体育历史悠久,但是关于竞技体育的概念研究却是在20世纪才开始的。随着竞技体育自身不断演变发展,竞技体育的概念界定也在不断完善。

在我国,关于“竞技体育”概念的研究最早出现在20世纪70年代末,当时许多专家和学者都提出了自己的观点和看法。随着我国竞技体育的不断发展、我国学者对竞技体育的认识也不断深入,现在一般认为,竞技体育是一种竞争性的体育活动,以比赛为主要形式。

竞技体育赛事是一种体育赛事文化,其主要目的是促进竞技体育运动项目的竞技水平的提高，同时通过竞技体育赛事的社会影响来使更多的人关注和参与到竞技体育运动中来，为竞技体育运动后备人才培养奠定基础。

除了竞技体育赛事外，体育赛事还有大众健身体育赛事、体育运动表演赛事、体育赛事游戏等。

（三）体育赛事与体育比赛的区别

体育比赛是对在一定比赛规则允许下所从事的体育对抗性活动的总称。体育比赛内容众多，形式多样，包含诸多要素的综合性竞技活动，如组织机构设置、市场开发、人力资源管理以及比赛实施等。

体育赛事的概念在前面已经详细解析，从概念上来看，体育赛事与体育比赛的概念是非常近似的，但体育赛事的外延要远远大于体育比赛。体育赛事是对构成体育比赛的一系列活动的总称。二者的主要区别在于，体育比赛侧重于比赛的实施，体育赛事不仅包括比赛活动与过程本身，还包括比赛的筹备、规划、控制、收尾等。

二、体育赛事的分类

发展到现在，体育赛事种类众多，结合不同的分类方法可以将体育赛事分成不同的种类，具体分析陈述如下：

（一）根据赛事对象分类

（1）根据参赛者年龄分类，包括儿童赛事、少年赛事、青年赛事、成年赛事和老年赛事等。

（2）根据参赛者行业分类，包括职工运动会、农民运动会、军人运动会、学生运动会等。

（3）根据参赛者身体状况分类，包括一般体育赛事、残疾人赛事和智障人赛事等。

(二)根据赛事项目分类

1. 超大型综合赛事

超大型综合赛事影响范围广,在全球范围内开展,和广大媒体范围有密切联系,并能产生广泛而深入的影响的体育赛事。这类赛事的规模较大、水平较高,参与人数众多,要求赛事组织者必须要具有较强的组织与管理能力,由于赛事的各个内容和层面都比较宽、大、广,因此类赛事对举办城市和地区会产生极为重要的经济效益和社会影响。

超大型综合赛事的代表赛事有全运会、亚运会、奥运会等。

2. 大型综合赛事

大型综合赛事,一般是指那些周期性明显,并在举办城市和地区产生较大影响的体育赛事。这类赛事的规模较大、水平较高,通常受到举办地区政府的高度重视。这一赛事的举办对举办城市的经济将产生重大的影响。

大型综合赛事的代表赛事有城运会、农民运动会、少数民族运动会、大学生运动会等。

3. 单项顶级赛事

单项顶级赛事,具体是指周期性明显的世界单项锦标赛,此类赛事的名目多、水平最高、规模较大,深受媒体关注,可产生广泛的社会经济影响。

单项顶级赛事的代表赛事有世界杯足球赛、世界杯篮球赛、世界游泳锦标赛等。

4. 单项品牌赛事

单项品牌赛事,具体是指周期性明显的职业联赛。此类赛事运作周期长,运作模式相对固定,水平高,市场吸引力大,经济文化意义大。

单项品牌赛事的代表赛事有 NBA、意甲联赛、英超联赛、网球公开赛等。

5. 单项商业赛事

单项商业赛事，具体是指由企业和中介公司组织举办、政府部门协调、媒体产业参与、提供赛事产品和相关服务产品的体育赛事。此类赛事具有较强的明星效应，商业性较强，主要是以追求经济效益，可满足体育运动爱好者的心理需求。

单项商业赛事的代表赛事有 NBA 中国季前赛、各种邀请赛、对抗赛等。

6. 一般赛事

一般赛事是指类似大型赛事，但规模和水平要稍递减的各类体育赛事，通常与体育文化宣传结合在一起。此类赛事的形式多样、规模较大、组织灵活、参与人员广泛，可带来良好的经济效益和文化效益。

一般赛事有大众体育节、大众登山节、龙舟赛等。

（三）根据赛事规模分类

根据赛事的规模，可以将体育赛事分为以下几类：

（1）基层单位比赛。

（2）地区性比赛。

（3）全国性比赛。

（4）国际比赛。

（5）洲际比赛。

（6）世界大赛。

（四）根据赛事的性质分类

根据赛事的性质，可以将体育赛事分为竞技类体育赛事、校园体育赛事、民族传统体育赛事，具体参考表 1-8。

表 1-8　根据赛事性质与内容进行的体育赛事划分(部分)

赛事分类	包括赛事
竞技类体育赛事	奥林匹克运动会
	世界杯赛
	洲际杯赛
	冠军赛
	联赛
	等级赛
	锦标赛
	杯赛
	公开赛
	综合性运动会
学校类体育运动赛事	单项赛
	对抗赛
	选拔赛
	友谊赛(邀请赛)
	测验赛(教学测验或达标赛)
	表演赛
	通信赛
	综合性运动会
民族传统类体育运动赛事	全国、省、市、地区及学校少数民族运动会
	体育运动单项赛事
	民族传统体育文化节赛事

(五)其他分类

(1)根据赛事项目数量分类:综合性赛事、单项赛事等。

(2)根据事组织形式分类:集中组织的赛事、分散组织的通讯赛等。

(3)根据赛事制度化程度分类:非正式赛事、半正式赛事、正式赛事、职业赛事。

第三节　体育赛事的构成与特征

一、体育赛事的构成

（一）人力要素

人是最重要的体育赛事构成要素，在体育赛事的举办过程中，体育赛事的人力要素是体育赛事构成要素中最为基本的要素。体育赛事的成功举办，需要人人参与。体育赛事的人力要素主要包括以下几方面内容：

1. 主办组织

体育赛事的成功举办，离不开主办方在体育赛事过程中发挥的重要作用，尤其是大型体育赛事的举办更加需要完备的赛事组织来处理体育赛事举办的各种工作。

在大型和综合性体育赛事的举办过程中，体育赛事组织包括主办组织、承办组织、协办组织三大群体，主办组织是重要的人力资源群体集合，可以是协会、公司、社团、政府体育部门等。

2. 赛事工作人员

体育赛事的工作团队成员及其构成由赛事组织结构决定，不论赛事规模的大小，每个人都与赛事的成败有着一定的关系，因此团队成员的选择和管理非常重要。

体育赛事的顺利举办离不开为赛事服务的每一个工作人员的辛勤工作与相互配合。对于大多数赛事来讲，体育赛事的人力资源招聘、培训、遴选和使用是体育赛事组织能否正常运行的重要环节，科学合理地使用相关专业人才，可以使每名工作人员的专长得到充分的发挥，确保体育赛事的正常运作。

3. 竞赛者

体育赛事的直接参与者包括运动员和教练员、裁判员等，这些人员是体育赛事的人员的重要构成，没有运动员和裁判员的体育赛事是不存在的。

在体育赛事中，体育运动员和裁判员给体育赛事带来了精彩的体育视觉盛宴，他们通过体育活动来激发人们对体育的关注和参与热情，为挑战人类的极限、寻求团体共赢而努力，同时感染其他参赛者和观众。

4. 观众

观众是体育赛事开展过程中不可或缺的人力资源构成。观众间接参与到体育赛事活动中去，与场上的运动员一起经历复杂曲折或者顺利的参赛过程。通过观众可提高体育赛事的影响力与社会关注力度，有助于促进体育赛事的可持续发展。

5. 志愿者

对于大型的体育赛事而言，志愿者是不可缺少的。体育赛事的组织者应在体育赛事正式举办之前，做好志愿者的征集、招收和培训工作。

此外，特别值得一提的是，由于体育赛事的举办是一个相对短期的行为，可能出现赛事期间部分员工无法到岗或者离岗的情况，因此，体育赛事组织要正确处理体育赛事运作过程中重要岗位人员的流失情况。赛事组织部门应做好赛事工作人员的储备工作，尤其是作为非正式工作人员的志愿者的工作。

6. 赞助商(者)

体育赛事的举办需要资金投入，没有赞助商(者)就不能为体育赛事的举办奠定良好的资金基础，体育赛事中的各项活动的开展也会因为缺乏经费而无法正常开展。

赞助商(者)投资体育赛事并非单纯的资金投入,而是希望通过体育赛事的举办获得一定的回报(经济、社会效益等)。赞助商(者)对体育赛的赞助活动必然有其自身的投入—回报之间的权衡,不可能无限制地赞助体育赛事,因此,对于体育赛事的委员会、主办方来说,应正确处理与赞助商(者)之间的关系,做好体育赛事的开展计划,以实现体育赛事组织者与体育赛事赞助商、赞助者的共赢。

(二)物力要素

物力资源是体育赛事的重要构成要素与内容,没有物力资源的支持,体育赛事就无法正常开展。

1. 主办地

体育赛事举办需要选择一个或者几个城市开展体育赛事活动,赛事主办地区是体育赛事的一个重要构成要素。

任何一个体育赛事的举办,对于举办地的科学选择都是十分重要的。体育赛事委员会应综合考虑申请体育赛事举办地区的综合发展情况,包括政治、经济、文化等情况,并综合考虑体育赛事举办城市的公共设施与服务、交通、安保、环境、社会文化等各个方面的因素。这些因素都会对体育赛事的承办产生重要的影响,必须慎重考虑,并做好评估,以便于选出最佳的体育赛事举办地。

2. 体育设施

体育赛事的举办需要一定的体育运动器材器具。体育赛事的举办期间,对各种体育设施设备的物力资源管理,要充分考虑其设施设备的使用性能、科技含量、完好状况等,要对体育赛事档次和规模进行准确定位。

除了最基本的体育赛事基础设施,体育赛事的物力要素还包括以下内容:

(1)交通运输设施；
(2)安全保卫设施；
(3)医疗卫生设施和设备；
(4)餐饮住宿设施；
(5)媒体转播设施和设备。

3. 媒体资源

体育赛事的举办离不开赛事宣传，赛事宣传是体育赛事的重要内容。在现代体育赛事宣传中，大众媒体发挥着非常重要的作用，同时通过媒体的宣传可以为体育赛事扩大影响力，并促进媒体的经济收入、提高关注度，也能提高赛事赞助商的曝光度与知名度，这是一个多赢的机会。

以我国2008年北京奥运会的媒体宣传情况为例，据报道，中央电视台2008年北京奥运会赛事转播方案为：央视一频道为展现北京奥运会全貌的频道，每天保留《新闻30分》《新闻联播》等三档节目，其余时间全部用于报道奥运会。

(三)财力要素

任何事物的发展都是以经济的发展为基础的，因此，体育赛事的顺利举办也需要资金支持，大型体育赛事所需要的资金数量是非常大的。

体育赛事的举办需要财力的支持充分说明了体育与社会经济要素之间的密切关系，在奥运会的发展历史上，就有很多申请国家和城市最终因为财力问题而放弃承办奥运会，由此可见体育赛事对财力条件的要求。

(四)技术要素

体育的发展离不开技术的支持，体育赛事的发展也离不开科学技术的发展与支持。如体育运动训练中器材设备的技术更新、体育赛事中的先进的体育仪器与设备的运用等，都能使体育赛事的开展更加顺利和高效。现代通信、信息、网络技术的应用更可以令体育赛事实现最快速度、最立体生动地传播。

二、体育赛事的特征

(一)赛事目标的竞争性

从人与人类社会的不断发展的角度来看,竞争是促进人与人类社会发展的一个重要动力因素,人类的竞争首先开始于最原始的身体素质竞争,而后发展到身体素质和运动技术技能的竞技,继而发展到人体科学、身体素质以及动作技术技能的竞技。这一发展过程可能会伴随着人体的发展过程而呈现出周而复始的螺旋式发展。

在体育运动领域,体育竞赛的发展集中在人(运动员)的生理、技能、适应性的发展竞争方面,竞争中的优胜劣汰体现了自然界和人类生存发展的客观规律。

运动员是体育赛事的重要参与者,对于运动员来说,其参加体育赛事的目的是非常明确的,那就是挑战自我、超越自我,同时也与其他运动员进行体能、技能、心理、智能等多方面的较量。对于团队竞技项目来说,运动队的每个成员都要不断提高自身的体能、战术意识、心理水平、团队精神,以及把握机遇的能力,掌握比赛主动权。无论是个人竞技还是团体竞技,最终目的就是为了获得赛事的最后胜利。无论竞赛要达到何种目的,其中最根本和最直接的目的仍然是获胜并取得优异的成绩。而绝大多数的目的又都必须达到“获胜”这一目的才能最终实现。

体育赛事的竞争性是明确而且残酷的,任何体育赛事中的任何运动项目的比赛,最终的冠军都只有一个,这种强烈的排他性充分表现出体育赛事目标的竞争性特点。

但是也必须提出的是,体育竞赛的竞争性目的与奥林匹克精神所倡导的“重要的不是获胜,而是参与”二者之间是不矛盾的,该精神提倡的是参与竞赛的态度与前提，而不是追求竞赛的结果。如果仅仅只是具有参与竞赛的激情，而缺乏竞赛过程中应当具备的拼搏进取意识，体育竞赛就会失去存在意义，在竞赛过程中勇于拼搏、敢于拼搏是每个参赛者都应该具备的基本体育意识和精神。

（二）赛事目的的多元性

任何体育赛事都有成功者和失败者，在赛事结束时往往只有极少数参赛者成为优胜者。因此，参赛选手们都会拼尽全力去争取赛事的胜利，将其作为参加赛事与运动训练的最高目标。

现代社会，由于体育竞赛所具有的对竞技体育特殊的作用和社会功能，使得参赛的动机具有多重性和复杂性，例如通过体育竞赛增强文化交流，达到政治目的，实现经济利益争取荣誉，实现自我价值等。

体育赛事中，体育与社会政治、经济、文化等多方面的联系决定了体育赛事的目的必然是多元性的。

（三）赛事本身的文化性

体育赛事是人类文化的重要组成部分，本身就蕴涵着丰富的文化内涵。一项历史悠久的体育赛事可以形成自己特有的赛事文化，为人们所接受，使人们一想起这项运动就自然地联想到这项赛事。文化是体育赛事运作所必须考虑的重要因素之一。

1. 体育赛事的文化特性

不同的竞技项目具有不同的文化特征，不同的体育赛事具有不同的文化特征。这里从体育文化的角度对体育赛事的文化性进行简要分析如下。

奥运会是西方体育文化的集大成者，古代奥运会在古希腊的奥林匹亚举行，在举办竞技比赛同时，各种文化活动也进行得丰富多彩。

现代奥林匹克运动会的举办，带有明显的欧美文化特征。首先，就举办国家的分布来讲，第1届现代奥运会于1896年在希腊举行，到目前为止年共举办31届(有三届因为战争原因取消)，其中只有4届奥运会是在欧美以外的国家举行；其次，就奥运会的体育运动比赛项目来看，现代体育赛事的项目大多起源于欧美国家，在夏季奥运会28个大项的300多个小项中，除了柔道、跆拳道等个别项目外，均为西方运动项目。纵观整个体育赛事的发展，欧美占有主导地位。

2. 体育赛事举办中的本土文化特征

大型的有国际影响的体育赛事很少固定在一个国家的某一个城市举办，鉴于一届体育赛事的举办需要消耗大量的人力、物力、财力，因此，很多体育竞赛都是在全世界范围内征集比赛地。

比赛地的不确定决定了同一个体育赛事在每个国家或者地区都有属于自己的具有文化特征。对体育竞赛对举办国来说，这是一次良好地宣传本国文化的机会，是宣传本土文化的最好载体。因此，体育赛事不可避免地带有一定性质的本土性特点。体育赛事可以吸引全世界人们的目光。因此，现代体育赛事的主办者越来越重视通过举办体育赛事，在世人面前展示本国或者本地区的优秀民族传统文化。他们在比赛的开、闭幕式上进行文艺演出，在赛场内外举办各种文化活动，赛事会徽、吉祥物和纪念品的设计等都充满了浓郁的民族文化特征。这样既宣扬了民族文化，又促进了与其他文化的交流。

以近几届的奥运会的举办为例，举办国将本国的文化融入体育竞赛之中，在宣传奥林匹克传统文化的同时，宣传了本国的文化和民族精神，赋予其新的含义(表1-9)。

表 1-9 奥运会本土文化的传播

2004 年雅典奥运会	
奥运会要素	文化意义
会徽	一支橄榄枝弯曲而成的花环，表达了理解、尊重，对全世界的包容
吉祥物	根据古希腊陶土雕塑玩偶“达伊达拉”为原型设计的两个被命名为雅典娜和费沃斯，代表了合作、公平、友谊、和平的奥运精神
开幕式文化	采用走马灯的手法展现了早期希腊哲学、数学、天文学、建筑学、体育、艺术文明，展现希腊的悠久历史和奥运精神
2008 年北京奥运会	
奥运会要素	文化意义
会徽	“中国印”，由两部分组成。上部分是一个运动员跑进的图案，又像“文”字；下部分是用毛笔书写的“Beijing 2008”和五环标志，将奥林匹克精神与中国传统文化完美结合起来
吉祥物	福娃，分别叫“贝贝”“晶晶”“欢欢”“迎迎”“妮妮”，组成谐音“北京欢迎你”，应用了中国传统艺术的表现方式，展现了中国文化的博大精深，对世界发出诚挚邀请
开幕式文化	融入中国元素，四大发明，太极拳，京剧，万里长城，古丝绸之路等，展现了中国古老灿烂的文化。同时融入了世界元素，展示了人类为征服自然，征服太空所付出的艰辛和努力
2012 年伦敦奥运会	
奥运会要素	文化意义
会徽	以数字“2012”为主体，包含奥林匹克五环及英文单词伦敦(London)，色块组合，简洁鲜明，视觉冲击强烈，张扬着运动精神、活力与时尚，展望着梦想与未来
吉祥物	以 1850 年现代奥运会的雏形——英国温洛克奥林匹亚运动会命名。把儿童和运动联系在一起，讲述自豪的奥运会故事
开幕式文化	以“奇妙岛屿”作为主题，灵感源自莎士比亚的《暴风雨》，展示了历史文化和现代社会风情

续表

2016年里约奥运会	
奥运会要素	文化意义
会徽	三个手脚相连的人的星星，包含了四个设计理念，即富有感召力的力量性、和谐的多样性、丰富的自然性、奥林匹克精神
吉祥物	维尼休斯，代表了巴西的动物，融合了巴西多元流行文化，体现出桑巴国度的热情与奔放
开幕式文化	以环保、自然新生和包容、多元的移民文化结合在一起，用灯光和3D技术呈现，展现了多元文化

（四）赛事对抗的激烈性

体育赛事中充满了各种对抗与竞争，竞争性是体育运动的基本属性。体育赛事中的各种运动项目的比赛中都存在运动员、运动队之间的激烈对抗。

对于运动员来说，无论参赛动机如何，最终都希望能在体育竞赛中获得良好的成绩和最终的胜利，希望获得丰厚的物质奖励和殊荣，有时甚至一场赛事的胜负就可决定运动员、教练员的职业生涯，因此，参加体育竞赛的绝大多数运动员都是会全力以赴去争取和拼搏的，这就使得整个体育竞赛更加具有竞争性。

（五）赛事开展的公平性

对体育竞赛来说，公平性是其最重要的特点，没有公平，比赛也就会失去意义。

现代体育竞赛普遍强调比赛的公平、公正，为了最大限度地实现比赛者之间的公平竞争，在同一个运动项目比赛中，设置了具体的不同分组、场地器械使用等。例如，根据运动员的年龄分组（如少年组、青年组、成年组）赛事，就是为了保证所有参赛运动员都能够在同等条件下公平地进行赛事。

特别值得提出的是，体育竞赛的公平性是相对而言的，体育竞赛的公平性还需要更多的工作需要做。例如，1968 年亚洲篮联曾经向国际篮联建议，篮球赛事应根据参赛者的身高分级别比赛，但该建议遭受到欧美篮球强国的反对，它们不想在自身拥有的身高上失去优势；又如，田径赛事中投掷项目不分体重和器械重量级别。在现有的体育运动竞赛中，还有很多竞赛规则需要不断完善，如此才能不断促进体育竞赛的公平。

在体育运动竞赛活动中，公正地进行体育竞赛的首要保证是裁判员的公正执法，因此，比赛中，裁判员必须公正严明。

（六）赛事规则的制约性

体育赛事中的运动项目均需要在一定的体育运动竞赛规则的约束下完成，“没有规矩不成方圆”，约定和遵循体育比赛规则是体育比赛开展的重要基础和前提。

参赛者参与体育赛事，必须要遵守竞赛规程和规则的规定。任何不合理的行为，都要受到惩罚，参赛者的竞赛条件和竞赛行为受到竞赛规则的严格的制约。体育竞赛若是离开了竞赛规则的规范和制约，将会影响到体育竞赛活动的正常发展。

现代体育竞赛规则的制约性具体表现如下：

(1)确保竞赛活动的正常开展。为预防和避免意外事故的发生。竞赛规则在保证参赛运动员公平竞赛的前提下，又制定了许多为保证体育赛事正常进行的相关条款。在场地器材、硬件设施，以及竞赛双方的运动方式和行为等方面，详尽的规则和条款可有效约束和制约竞赛双方伤害性动作和行为的发生。

(2)保证体育赛事的精彩性与观赏性。在保证体育赛事正常进行的前提下，为充分发挥参赛运动员的体能与竞技水平，创造优异成绩，竞赛规则也做出了更为具体、精确的规定。例如，在有身体接触的运动中（如篮球、足球等），竞赛规则规定了身体接触的定义，包括正常的身体接触（合理冲撞）和侵人犯规的定义，判罚条款细致先进，可最大限度地确保比赛的合理与足够精彩。

(3)维护体育赛事的公平公正比赛环境。体育运动竞赛规则禁止使用兴奋剂，并规定了检查兴奋剂的方式和方法，从而制约和规范了某些运动员因滥用药物而对身体造成伤害的现象。

(4)调控竞赛项目比赛过程。体育竞赛中，技术和战术发展是较快的，在不同的发展时期可能会出现攻守发展不平衡的情况。因此，为了更好地促进体育运动项目的发展，就需要制订和调整规则，以使体育运动对抗始终保持动态平衡，提高竞赛观赏性，也促进技战术的进一步发展。

(七)竞赛过程的随机性

体育竞赛是一种开放性的活动，受到多种不确定因素的影响，一场体育竞赛的顺利开展是非常复杂的过程，需要各方面因素的配合与协调。

作为体育竞赛的活动主体的体育比赛，同样受到主观和客观因素的制约，整个比赛过程和结果都充满了不确定因素，也正因如此，人们始终对体育运动比赛抱有极大的参与与欣赏热情。

(八)赛事结果的不确定性

体育赛事过程具有随机性，体育赛事的竞赛结果具有明显的不确定性。体育赛事的过程与结果的不确定性是紧密相连的，共同展现了体育运动的独特的魅力。

(九)赛事开展的可比较性

体育赛事的开展过程就是一种比拼过程，既然有比拼就必然会有各种对比与比较。尽管运动竞赛发生的时间、地点不同，但是对于同一级别、类型的国际运动竞赛或一场正式赛事，由于预先对运动竞赛的各种条件的严格规定和规范，使得各项目运动员在条件均等的情况下参加赛事，对于所创造的成绩是可比的。

从运动员的角度来说，运动员参赛，需要对运动员参赛资格的认定，包括运动员年龄、性别、运动级别、成绩资格等条件的限定，以及对赛事场地和器材、地理气候、裁判员水平、记录成绩的评定手段、竞赛规则执行标准等条件的认定。这些条件对于参赛运动员都是公平的。

从竞赛组织的角度来说，各届体育运动竞赛具有可比性，包括规模、服务、效益、影响力等多个方面，通过比较可以总结经验，吸取教训，不断完善体育竞赛的组织与实施，促进更好的体育赛事效果的获得。

（十）赛事信息的扩散性

当前社会已经进入信息时代，随着现代社会的不断发展，各类体育竞赛的战况及结果已成为人们业余文化生活的重要组成部分，加之体育竞赛的商品价值的开发，人们对体育竞赛的关注程度日趋增高，有关竞赛的信息扩散迅速和广泛。

体育赛事信息的扩散性表现如下：

（1）现代化的信息传播手段方便快捷、精准、高效。

（2）现代体育赛事信息的扩散手段主要是依靠影视手段、语言手段和文字手段等。

（3）体育社会化与商品化的需要，为公司和企业投资竞赛活动提供了条件。

（4）体育赛事逐渐职业化，各类体育俱乐部联赛、大奖赛、系列赛的相继出现，为体育赛事信息的扩散增添了商业价值。

（5）体育与政治、经济、文化等之间的关系，决定了体育赛事的举办具有政治、经济、文化等的影响，体育赛事信息扩散与传播可扩大赛事影响。

第四节　体育竞赛原则与体育竞赛体制

一、体育赛事的原则

(一)平等性原则

1. 体育赛事的平等参与权

体育竞赛应遵循平等性原则，人人都应该享有体育参与和欣赏的权利。

在体育竞赛的举办过程中，任何符合竞赛规定的运动员和运动队都有报名权和参赛权，竞赛组织方应平等对待。

2. 体育竞赛条件的平等性

在体育竞赛中，运动员都是在相同条件下进行比赛的，这体现了竞赛条件的平等性原则。譬如，田径运动中的 3 000 米障碍赛跑，对每个运动员来说，比赛条件都均等，跑程都是 3 000 米，都要跨越 35 次栏架，都要越过 7 次水池等，运动成绩的评定以获得优胜的事实进行评定。

(二)公正性原则

体育竞赛的公正性原则是体育竞赛的基本原则，是确保体育竞赛长久可持续发展的重要基础。体育竞赛规则要求每个参加者珍惜自己获取胜利的权利，同时承担义务。体育竞赛的顺利开展离不开比赛双方都遵守规则，规范自己的行为。

对运动员来讲，在竞赛中遵循竞赛公正性原则应做到以下几点：

(1)遵守比赛规则。

(2)尊重对手，尊重裁判，尊重观众。

(3)要以强取胜,反对以诈取胜,禁止使用与体育道德相悖的伎俩。

对裁判员来说,在竞赛中遵循竞赛公正性原则应做到以下几点:

(1)认真学习和研究竞赛规则、裁判法,严格按照裁判法内容执裁。

(2)立场中立,对所有参赛者不论亲疏,公正执裁。

(三)统一性原则

体育竞赛的统一性原则表现在诸多方面,具体分析如下:

首先,体育竞赛项目种类繁多,对不同体育运动项目的优劣和成绩的评定因项而异,但它们都有一个共同的特点,就是评定标准的统一性。如按照重量、高度、速度、动作难度等进行评分。

其次,在用主观记分法评定竞赛成绩的项目中,评分标准对同一竞赛的参加者都是统一的。

再次,在用客观标准法评定竞赛成绩的项目中,如田径、举重、射击等,时间、重量、命中环数是统一的标准,因此,无论参赛者是不是同场竞技,都能根据评定标准来进行成绩的对比分析。

(四)权威性原则

体育竞赛是一个系统而复杂的过程。体育竞赛过程中,各项竞赛活动的顺利开展需要竞赛组织者在制订各项竞赛规则和规程在体育竞赛中保持体育"法律"的效力,具有至高无上的权威性。所有的参赛者,都必须遵守竞赛相关规定。

在体育运动比赛中,裁判员是竞赛规则和规程的执行者,裁判员符合竞赛规则和规程的判决,是权威性的结果,运动员都必须遵从。

在体育运动比赛中,任何人都无权干预和擅自改变判决和执裁程序与结果。

(五)育人性原则

育人性原则是指在比赛中要求运动员和工作人员,必须在认真遵守竞赛规则、遵守社会道德标准、公平竞争。

体育竞赛的育人性原则对运动员、教练员、赛事工作人员都具有严格的规定,任何人都必须树立正确的体育价值观、道德观,坚定体育精神,遵守体育道德。

现阶段,随着体育商业化的发展,受竞技利益的影响,体育运动赛事中各种不良竞争、暗箱操作、消极比赛等各种不符合体育运动精神和体育道德的现象频发。这些现象的发生体现了体育赛事对教练员、运动员、工作人员的约束性的不够。因此,参加体育运动竞赛必须要充分发挥体育的育人作用,提高竞赛相关人员的道德素质水平。

(六)健康性原则

体育运动参与可促进身心健康,在体育竞赛中,任何与运动员、观众的身心健康因素相悖的都要摒弃。具体应做到以下几点:

(1)体育竞赛的形式和内容要健康,有利于社会主义精神文明建设。严禁色情的、有伤风化的荒诞无稽的比赛。

(2)体育运动项目的设置要适合参赛者的年龄、性别和生理特征,不能虚报年龄参赛,也不能要求技术难度和运动强度超过运动员承受范围。

(3)体育竞赛场地器材必须符合安全要求,避免意外伤害事故发生。

(4)体育竞赛的气象条件非常重要,适宜的气象条件,有助于运动员创造优异的成绩。气温过高或过低、大风、大雾、暴雨等都会对运动员比赛和身体造成不利的影响,必要时出于健康和安全考虑应取消或延迟比赛。

(七)协作性原则

体育竞赛过程非常复杂,整个赛事的开展需要很多繁杂琐碎的工作要做，一场成功的体育赛事的举办离不开竞赛组织方各方面各部门的协作。

此外，参赛者要想在体育竞赛中取得良好的成绩，也离不开个人和运动团队的协作。这种协作体现在运动员和教练员之间，运动员与医护人员之间，甚至是运动员与场上的球童的配合、与观众的关系处理等，这些都会影响运动员的场上表现。

因此，竞赛获胜需要运动员树立协作意识，重视与队友、裁判员、观众、教练的协调。

（八）国际化原则

体育竞赛的国际化原则，具体是指体育竞赛的举办应按照国际奥林匹克运动竞赛的规则及其要求去组织或参加比赛的竞赛原则。参与者可以在此基础上结合具体情况进行适度调整，但是不能违背基本的体育竞赛准则。

在体育全球化发展的现阶段，体育工作者、运动员应具有面向未来培养具有国际竞技视野和竞技能力的高水平竞技者所必须遵循的重要原则的意识。运动员一定要适应国际比赛的要求和一些国际惯例要求；竞赛组织者应重视国际化体育运动竞赛的推广、经营。

（九）创新性原则

创新是事物发展的重要基础。体育赛事的创新是多方面的：

首先，运动员在比赛中，运用已掌握的运动知识和技能，创造出新的技术和战术，从而提高取胜概率的竞赛原则。其核心是通过技术和战术的创新取胜。

其次，竞赛组织者应做到赛事组织的与时俱进、发展创新，重视结合当前体育赛事市场制订推广计划、营销策略。

最后，体育竞赛举办，在体育建筑、运动设施方面都应重视科技创新与应用。

二、体育赛事的竞赛体制

(一)体育竞赛体制的概念

体育竞赛体制是竞技体育运动的一个核心内容，对于运动竞赛能否成功举办具有重要的作用。[①]

体育竞赛是人类生产劳动和社会发展的产物，它自原始社会萌芽，并随着人类进入文明社会而逐渐发展。伴随着体育运动技术的不断提高，各项目的运动竞赛规则不断完善、体育竞技发展不断发展创新。体育竞赛体制必须符合体育竞赛的发展规律，与社会经济发展相适应。

(二)体育竞赛体制的类型

体育竞赛内容丰富、种类繁多，层次多样，同时，不同的国家，又有着不同的国情，任何国家的体育竞赛体制既要适应国际体育竞赛计划和制度，又要符合本国国情。因而，世界各国的体育竞赛体制是多种多样的。

纵观当前世界各国，体育竞赛体制主要有以下几种类型：

1. 直接管理型

国家对体育竞赛从竞赛组织、经费使用及整个过程都直接行使行政管理权，并专门设立体育竞赛行政机构，集中掌握运动竞赛管理权力。

(1)集权式直接管理型：政府体育机构负责体育竞赛管理，具体赛制结构类型如图 1-1 所示。

---

① 史国生，邹国忠．体育竞赛组织与管理[M]．南京：南京师范大学出版社，2008.

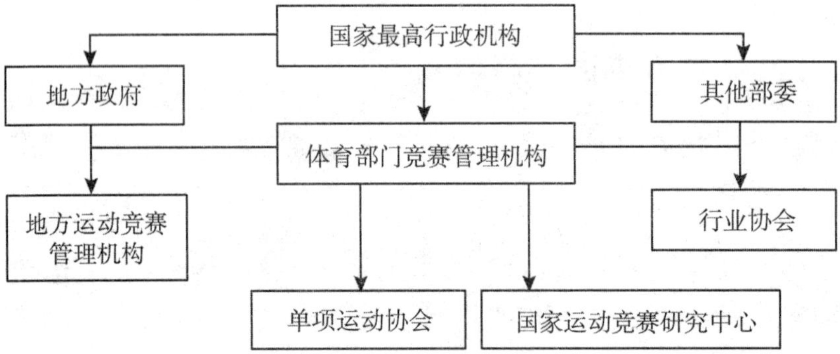

图 1-1

(2)分权式直接管理型:政府体育机构不包揽全部有关体育竞赛的事务,而是与有关的民间机构适当划分权力范围(图 1-2)。

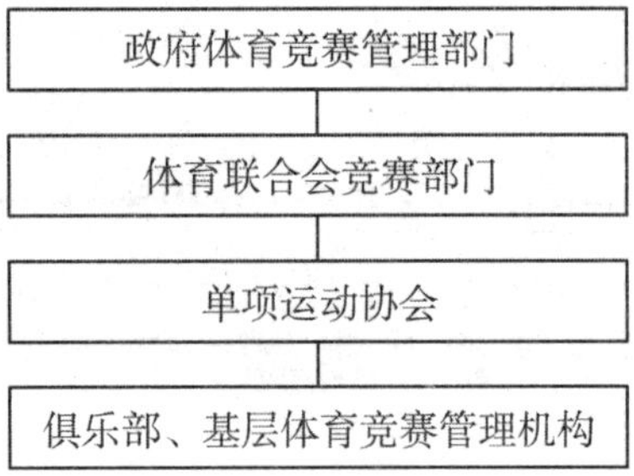

图 1-2

2. 间接管理型

国家不设管理体育竞赛的政府机构和部门,而是通过法律、经济等政策方式,如立法、税收、委托、授权等,间接管理体育竞赛。

(1)集权式的间接管理:政府委托或授权一个全国性的非官方组织机构统一管理体育竞赛。如日本、瑞士和 1978 年后的美国(图 1-3)。

(2)分权式的间接管理:各种单项或行业性的运动团体分管一定范围内的体育竞赛,国家奥委会组织代表国家参加国际竞赛,但不干预具体竞赛组织管理。如芬兰和 1978 年以前的美国(图 1-4)。

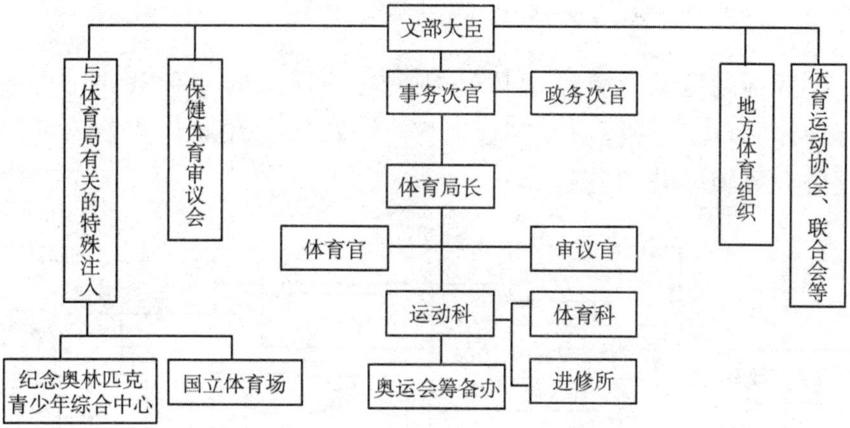

图 1-3

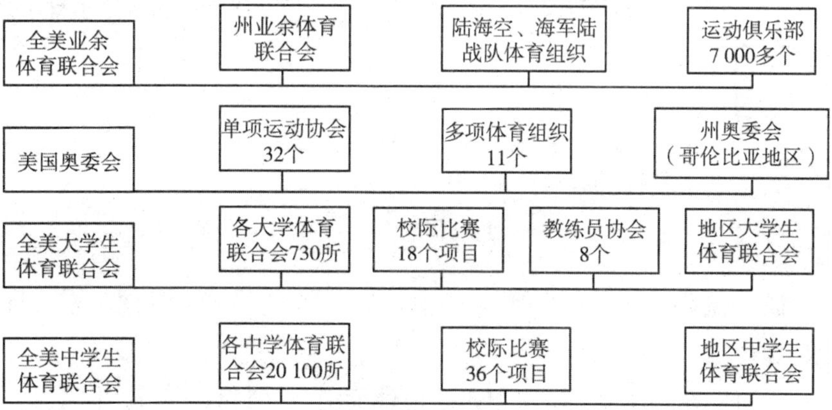

图 1-4

3. 混合管理型

介于直接管理型和间接管理型之间。如联邦德国、西班牙、秘鲁等国的体育竞赛体制。和以上两种管理模式相比，这种管理模式综合了上述两种管理模式的优点，但也不是万能的，任何一种形式的体育竞赛体制都受本国社会政治、经济、文化等影响，体育竞赛管理模式没有最优，符合国情、能促进体育竞赛发展的便是最佳的体育竞赛体制。

(三)当前我国竞赛管理体制

我国的运动竞赛组织体制是政府领导下的一种条块结合的管理体制,体育局行使主要管理权,体育总会(单项体育协会),行业协会等辅助管理(图 1-5)。

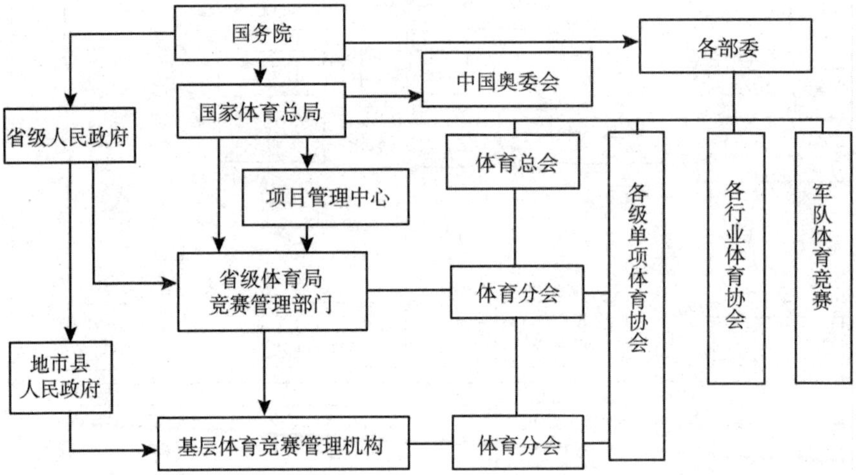

图 1-5

在我国体育竞赛管理体制中,各管理部门各司其职,相互协调配合。

(1)体育运动项目管理中心是体育运动项目的主管部门。

(2)协会通常是由非官方的社团法人组建而成的,具有经营管理体育赛事项目与市场运营的职能。

(3)体育项目管理中心与项目协会两者重合时,是政企合一的经营管理体制。开发部和附属公司是现有一定市场的体育运动项目管理中心均设有的组织。这些公司一般都是在体育运动项目管理中心的经营管理下经营和运作。

21 世纪以来,我国的体育赛事举办出现了新的趋势,国家办与社会办相结合的竞赛管理体制和体系日益多方位、多元化、多层次。

第二章 基于触媒理论视角下的大型体育赛事与城市发展

触媒理论是新时期提出的一种基于城市发展的理论;城市触媒理论对于研究现代城市的全面化科学化发展具有重要的启发作用。基于触媒理论视角下的体育赛事研究将体育赛事作为触媒体,阐述了体育赛事发展在城市发展过程中所起到的重要影响(触媒效应),这对于探究大型体育赛事与城市发展之间的关系提供了一个新的思考方向与路径。本章主要对触媒理论下的大型体育赛事与城市发展进行深入分析与研究,以在新时期探索大型体育赛事与城市的相互促进的科学发展之路。

第一节 触媒理论概述

一、触媒与城市触媒

(一)触媒

“触媒”是化学研究领域的一个名词,原是指在化学反应中的作用是改变和加快化学反应速度,而自身在反应过程中不被消耗的物质媒介。“触媒效应”是触媒在化学反应中发生作用时对其周围环境或事物的影响程度。①

---

① 金广君.城市设计的“触媒效应”[J].规划师,2006,22(10):22.

(二)城市触媒

“城市触媒”的概念始于20世纪90年代，由美国城市设计师韦恩·奥托和唐·洛根在《美国都市建筑——城市设计的触媒》的书中提出，他们认为，城市中的“触媒”与化学中的“催化剂”，能够影响(激发和引导)城市发展。[①]

“城市触媒”主要是基于城市的发展影响因素与持续发展研究，通过研究城市发展中的各种影响因素，来探索城市的系统化、科学化、可持续发展，避免城市发展中的不良连锁影响的产生，促进有利因素的城市的链式反应的催化作用的发挥，从而推动城市的健康可持续发展。[②]

二、大型体育赛事的城市触媒体角色

城市发展规划应结合不同时期的发展要求，确立不同区位的发展方向、步骤和强度，并设计城市触媒反应区，根据触媒本身的性质、规模与触发能量的大小，利用和控制好触媒体对城市发展的促进作用。

大型赛事作为一个重要事件，它是城市触媒的“触媒体”源，可引发城市持续和连锁反应。大型体育赛事，在城市触媒理论研究中被认为是促进城市发展的一个重要的“触媒体”。体育赛事的举办过程中，体育因素与社会其他各方面要素发生密切的联系，并引起社会多因素的变化，进而影响赛事举办城市的经济、文化、科技、环境等的变化与发展，具体表现为影响城市的政治影响力、经济发展实力、文化品牌与城市形象建设等。

---

① 张长滨．重大事件主导的城市绿色空间整合研究[D]．北京林业大学博士论文，2016：67．

② 谢迅，王乃光．大型体育赛事触媒研究——以近三届全运会承办城市为例[J]．皖西学院学报，2012，28(2)：136．

第二节 基于触媒理论的大型体育赛事的利益协调

触媒理论强调触媒体对整个事件的连续发展变化的影响作用的研究。体育赛事受多种因素的影响，在体育赛事中许多赛事参与者的个人或组织行为都会对体育赛事产生影响，而且可能产生连锁反应。而赛事参与者的行为与其赛事利益追求具有非常密切的关系，在大新体育赛事举办过程中，如何妥善处理赛事不同参与者的利益关系非常重要，只有各方的利益都得到一定程度的实现，各方才能相互协调、相互配合，同时也各自制约、各自牵制，使整个赛事的各种利益达到一个动态平衡，促进体育赛事的顺利开展和最佳赛事效益的实现。

一、大型体育赛事利益主体构成

（一）赛事核心利益者

1. 举办政府

政府是赛事的重要主体，政府通过开展各种形式的大型赛事能够树立良好的城市形象，同时，政府作为大型体育赛事的主要承办者与影响者，在赛事举办中发挥着重要的作用。

政府在大型体育赛事举办中扮演着重要角色，大型体育赛事需要政府进行积极的宣传，大型体育赛事的举办也需要政府对多种体育资源进行调动与配置，良好的赛事的社会、人文环境，更需要政府去不断营造和培养。

2. 赛事所有权人和主办机构

所有权是一种物权所属，对于物权拥有者，也就是所有权人来说，其对事物的所有权是绝对的，具有排他性，并且长期持续拥有，直到产生物权的转移。

所有权人对所拥有的事物具有占有、使用、收益、处置权利，体育赛事所有权人对体育赛事也具有上述权利。

赛事所有权人决定了体育赛事的定位、地点、时间、项目等重大问题。

3. 主办社区

赛事主办社区，指赛事举办的区域，它是一种地理意义上的赛事举办范围的划分。在体育赛事举办过程中，主办社区为体育赛事的举办提供场地、设施、交通、通信。

在大型体育赛事举办期间，作为体育赛事的一个重要权益者，赛事主办社区的硬件与软件设施都会对体育赛事的顺利开展与进行发挥着重要影响。

赛事举办期间，为减少对当地居民的干扰，赛事主办方应做好交通管制、提供医疗服务支持、后勤支持等，这是主办社区成为赛事核心利益相关者的主要原因。

4. 赞助商

赞助商是体育赛事的一个重要的权益者，体育赛事，尤其是大型体育赛事的举办需要大量的体育资源消耗，而体育主办方的体育资源拥有量和调动往往有限，这时就需要体育赞助者来助力，这种助力大多数时候是有偿助力。

赞助商为大型体育赛事提供一定的人力、物力、财力支持，因此，体育赛事的运营过程中就应该充分考虑到赞助商的合理需求，以促进赛事赞助方与赛事主办方能借助赛事满足各自发展需求。

（二）赛事蛰伏利益者

1. 媒体

媒体是体育赛事的重要利益者，在体育赛事发展之初是没有现代媒体的参与的，随着科学技术的不断发展，媒体在体育赛事中发挥着越来越大的作用，通过体育赛事的直播、转播，媒体可实现巨大的赛事收益。

现阶段，媒体与大型体育赛事之间的关系是非常密切的，大型体育赛事有很多观众可以直接在现场观看体育赛事。就全世界范围来说，大型体育赛事在赛场外拥有着数量庞大的观众群体，通过赛事转播可实现全世界各地人民同步欣赏赛事。

特别是随着信息时代的到来，现代信息传播技术发展快速，媒体对赛事的转播可实现实时转播，并能在各种直播平台与观众、观众与观众之间实现互动。

2. 赛事参与者与赛事观众

赛事主要参与者包括运动员、教练员、裁判员和观众。

运动员、教练员与裁判员通过参赛可以获得关注、获得奖金。当赛事的正常运转受到损害时，其利益会受损。

赛事观众类型多样，不仅包括现场观众，还包括赛场外通过电视、广播、网络来观看和收听赛事的观众，不同类型的观众通过支付赛事门票、电信费用、流量费用支持赛事，赛事观众数量多少对赛事直接收入与广告收入有重要影响。

（三）赛事边缘利益者

1. 志愿者

志愿者是大型体育赛事的重要人力资源，志愿者的加入能在一定程度缩减赛事的开支，使体育赛事各项体育活动的开展更加顺利、顺畅。

大型体育赛事对人力资源需求两大，对赛事志愿者的招募往往在比赛开始前很长一段时间就着手准备，志愿者通常以大学生和赛事举办地当地的居民为主。志愿者以个体形式参与赛事之中的，为赛事提供有偿或无偿的服务。

大型体育赛事的成功举办能为志愿者提供丰富的社会实践机会，并使志愿者的个人履历的丰富多彩，还有可能为其提供更好的发展机会。

2. 自然环境

人类社会的生存与发展离不开自然环境，体育赛事是一种体育文化活动，其与自然环境之间也有非常密切的关系，体育赛事的举办可以影响赛事举办地的自然环境发生变化。

现代社会，越来越重视体育赛事对自然环境的重要影响，各方倡导在体育赛事举办过程中应注意环境保护，提倡举办绿色赛事、人文赛事，促进体育、环境的和谐发展。在体育赛事举办过程中，赛事举办方负有重要的环保责任。

相较于其他赛事利益者，自然环境是体育赛事中最为被动的一个利益者。

二、大型赛事利益相关者的利益协调

大型体育赛事涉及各种利益主体，每一个利益主体的利益目标和决策、行动都可能对体育赛事、对体育赛事其他相关利益者的发展产生影响，它们彼此之间存在着十分密切的关系。

不同的利益主体追求不同的利益，相互之间可能产生冲突与摩擦，对此应重视赛事利益者之间的利益协调。具体来说，应遵循以下利益关系协调原则：

(一)自我发展原则

所谓自我发展原则，就是强调在进行利益协调时，要始终站在核心利益者的角度，注重自我发展原则的实施，使得各核心利益主体能够从中受益，实现核心利益者的自我持续发展和良好运行。

体育赛事要实现自我的发展就必须在赛事规划与运作过程

中关注赛事相关利益者的利益的诉求与达成情况。赛事利益相关者的利益诉求得到满足，赛事利益相关者才能不遗余力地为促进赛事的开展做出努力和贡献。可以说，赛事利益与赛事利益相关者的利益是捆绑在一起的。

（二）全面性原则

体育赛事利益协调过程中应兼顾各方利益的诉求与实现，这就是利益协调的全面性原则。

体育赛事举办过程中，应同时关注各方利益的实现，在各方利益兼顾的基础上，实现各方利益的均衡化。如果出现利益冲突，应重点考虑赛事主要利益相关者的利益的实现，并注意与其他赛事利益者进行及时、诚恳的沟通，尽量提出一个令各方都能满意的操作方案。

（三）共同参与原则

赛事利益关系协调，是一个烦琐细致的工作，各项工作的开展相互之间需要共同协作。体育赛事的举办并不是仅仅依靠一个组织或个人就能开展起来的，需要各方资源支持和各方关系协调。赛事管理者应关注赛事各利益方是否都为积极促进赛事开展提供了有效支持，在其赛事促进责任做好的基础上，保证各方面利益能够得到协调，在赛事各项工作的开展过程中，促使各方工作的相互配合。

第三节 新时期大型体育赛事的城市触媒效益

大型体育赛事对各方面的赛事资源配备及环境要求较高，为满足大型体育赛事的场所、人员、交通、环境等需求，城市的硬件设施需要具备一定的能力，要有高度发达的交通、通信等配套设备。新时期，随着社会经济的不断发展，任何一座城市在崛起后都愿意承接大型赛事，借此契机发展经济，改造城市建设，完善城市发展，促进城市规划、城市旅游、公共环境、城市品牌形象等各方面的提升。[①] 现阶段，大型体育赛事的影响广泛，可对赛事举办地的各方面的发展都产生重要影响，而且这种影响是可持续性的，不仅仅是在赛事期间，对城市未来几年，甚至几十年的长期发展都可能产生重要影响。赛事的城市触媒研究重点就在于促进赛事对城市的积极影响的发挥、减少和杜绝赛事对城市的消极影响的发生。

一、大型体育赛事举办的城市触媒多元效益

（一）城市政治方面

体育与政治之间关系密切，体育本身具有政治性，大型体育赛事始终与政治联系紧密。

在宏观政治层面，经济发达国家常把体育赛事举办当成是一种国家意志推广的手段；在微观政治层面，体育赛事成为政治工具用于达成各种政治目标。奥运会作为大型体育赛事的典型代表，其政治性非常强，历史上奥运会的举办多次受到不同国家之间的政治外交的干扰。例如，1972 年，慕尼黑奥运会中以色列 11 名运动员被杀；1976 年，蒙特利尔奥运会遭到非洲国家抵制；1980 年，莫斯科奥运会因苏联入侵阿富汗遭到部分西方国家抵制；1988 年，部分社会主义国家抵制汉城奥运会。

对于赛事举办城市来说，举办大型体育赛事，尤其是具有广泛国际影响的大型体育赛事，可以提高自己的国际地位，转移人们的注意力、改善政治形象。

大型体育赛事的成功举办可提高城市政治形象与知名度。

---

① 邢通．大型体育赛事与举办城市发展耦合研究[J]．体育科技，2017，38(6)．

(二)城市经济方面

体育与经济之间存在着密切的关系,大型体育赛事举办可影响赛事举办地的经济的发展。赛事申办地的经济状况决定改城市是否具有举办大型体育赛事的能力,赛事举办地的经济发展水平直接影响其是否能提供一场良好的体育赛事。

大型体育赛事的举办,作为一个城市发展进程中的一个重要事件,其对赛事举办城市的体育经济发展,与体育产业相关的其他产业的发展的影响是广泛而深远的。在体育成为刺激国民经济发展的新的增长点的现阶段,大型体育赛事对国民经济发展的拉动作用是非常显著而且具有长期影响力。

以奥运会为例,奥运会的举办需要完成促进世界体育发展的目标,也要实现促进赛事举办地的政治、经济、文化发展的目标。一方面,奥运会为了满足和实现自身发展,必须吸纳大量资金;另一方面,奥运会又产生明显经济效应,推动社会经济的发展,是刺激经济和社会发展的有效"催化剂",通过举办奥运会能带动城市体育经济发展、扩大城市经济影响力。①

奥运会对举办国的经济发展主要是通过以下几方面显示出直接的促进作用:

(1)奥运会参与人员的各种参观活动与商业活动。

(2)通信、电子媒介等方面的投入。

(3)赞助商的各种活动。

(4)纪念品的生产与发售。

(5)场馆和奥运村的运营与管理。

(6)体育旅游。

(7)体育设施改善后的大众体育健身消费促进。

此外,奥运会的举办还有利于促进城市就业。劳动力因素是影响社会经济发展的一个重要因素。大型体育赛事的举办需要

① 徐晶实.以重大事件为触媒的城市复兴研究[D].中南大学硕士论文,2010.

许多的工作人员参与其中，不仅仅在赛事举办期间与比赛相关的工作，在筹备赛事的过程中，这种赛事人力就已经开始投入，如兴建各种体育、交通、通信、服务等，因此，体育赛事的举办可增加就业机会，促进地区经济发展。

（三）城市文化方面

文化是城市建设与发展的一个重要方面，一个城市的文化积淀和文化形象对城市的发展有重要影响。

体育赛事对城市文化的发展有重要的丰富与促进作用，这种体育文化包括国家与民族的源远流长的体育文化，也包括城市现代体育文化内容。以奥运会为例，历届奥运会开幕式都是一场文化盛宴，传递着赛事举办城市和国家、民族的优秀文化。2008 年北京奥运会的开幕式展现了中国五千年的璀璨文明。中国古代印刷术、汉字等文化内容的展示，是古老人类文明的浓缩与精华，给世人留下了深刻的印象。奥运会所展现的文化已经不仅仅是体育文化，而是囊括了整个社会文明，奥运会不仅仅是一种体育交流盛会，也是一种具有丰厚意义的文化交流盛会。

（四）城市旅游方面

一般来说，大型的体育赛事通常更能吸引大量的旅游者。

体育赛事旅游是一种重要的旅游形式，具体来说就是，在赛事期间，赛事举办城市、国家和地区往往会举办各种大型的体育文化活动，体育爱好者在赛事举办期间奔赴体育赛场观看精彩的比赛，在赛事结束后参与城市体育文化活动，并对赛事举办城市的物质、人文体育旅游资源进行观赏、游历。通常来说，大型体育赛事的举办城市都是在国际上具有重要影响力的城市，是政治、经济名城，往往也是文化名城，具有丰富的城市文化与旅游资源。

城市体育旅游不仅局限于赛事举办期间，在赛事举办后，也有许多人对曾经举办过重要赛事的体育场馆，尤其是作为城市标志性建筑物的体育场馆进行参观游历。可见，大型体育赛事对体育旅游者的影响是长期的，对城市的体育旅游经济刺激也可以延续到赛事举办后的几年甚至更长时间。

（五）城市自然环境方面

大型体育赛事的举办对举办城市的影响主要体现在城市建设和环境保护两个方面。为了更好地举办大型体育赛事，举办地通常会大力建设城市绿化，维护修缮城市生态环境，这对城市的生态环境具有重大意义。①

大型体育赛事对举办城市的自然环境影响表现在土地、空气、垃圾处理、居民居住自然环境方面。

首先，大型体育赛事的举办需要兴建许多的体育场馆，这些体育场馆必然会占据一定的城市用地。如果城市建筑用地规划不合理，就会破坏城市土地资源的使用。

其次，大型体育赛事举办期间，会有大量的人员涌入，由此可产生各种生活垃圾、交通问题，生活垃圾处理不当和交通工具的尾气排放可影响城市大气环境。

此外，大型体育赛事的举办还会对城市居民的日常居住环境产生一定的影响，造成居住与生活的不便，而且这些问题还会进一步引发更多的连锁性的环境问题。

通常来说，体育赛事能为城市基础设施建设提供一个巨大的外部需求，城市的基础设施建设可以改善城市的环境和设施，间接改善了人们的生活环境。

但是，必须认识到，如果城市基础设施提供超过真实需求，会造成大量的资源浪费，还会由此引发各种环境问题，将影响居民的正常生活、生产环境，也不利于城市的长远发展。因此，赛事管理者必须谨慎地考虑举办赛事可能对环境产生的冲击和影响，如人群流动和控制、噪声水平、交通、赛事损耗、赛事对自然的破坏、本地文化遗产保护等。

---

① 邢通．大型体育赛事与举办城市发展耦合研究[J]．体育科技，2017，38(6)：56.

二、大型体育赛事的城市触媒效益最大化发展建议

大型体育赛事的成功举办应实现赛事经济效益、社会效益与环境效益的和谐统一，如此才能促进城市的健康可持续发展。对此，应关注以下几个重点：

（一）促进政治引导，摒弃政治压制

政治与体育之间的关系非常密切，在现阶段世界政治格局不断发生变化的背景下，大国举办体育竞赛往往会掺杂着一定的政治意识影响。政治对体育的干预是一把双刃剑，政府参与大型体育赛事的申办、举办，可以调动一切体育资源和其他社会资源，促进大型体育赛事的举办成功，但是政府的过多干预也可能导致体育赛事不能充分利用好体育资源，会打破体育赛事市场秩序，导致赛事发展的不科学并造成体育资源浪费。

大型体育赛事的举办是一个重要的城市、地区、国家发展的影响因素，因此，大型体育赛事的申办、举办、运作、管理过程中或多或少地都会受到政治因素的影响。尤其是在全球化过程中，体育作为一种特殊的社会文化形态，其必然会作为不同城市、地区、国家展示自我文化内容与文化实力的一个重要的平台。因此，政治对体育赛事的影响是不可避免的，要实现大型体育赛事举办的科学化并促进赛事市场的有序发展，就必须要正确利用政治与体育二者之间的关系，实现政治对体育赛事的正向引导，避免过多的政治干预。

体育活动组织可以促进国家政治关系缓和，如著名的中美“乒乓外交”。举办大型体育赛事更是借助体育进行政治文化交流的良好机会。现阶段，足球外交是我国外交的一个特色表现，习近平主席在多次外出访问时都提到过访问地的著名球星、教练，并多次与当地青少年进行足球互动。新时期，我国的“足球公关文化”对帮助中国更好地融入世界起到了非常好的作用。

大型体育赛事的举办，无论是体育赛事的直接参与者还是间接参与者，人们的参与热情高涨，通过体育这一世界共通语言来实现交流，相互认识、了解、理解、尊重。体育赛事是城市与城市、地区与地区、国家与国家之间的一种良好的政治交流模式。

（二）关注赛事的社会文明建设价值

体育运动能够积极地促进人们的身心健康，提高人们的劳动、工作和学习效率；同时也能丰富和活跃人们的业余文化生活。当前，体育竞技赛事发展已经进入到了快速发展阶段，各种体育活动开展和体育赛事举办承担了建设社会文明和传承民族文化的重要责任，赛事举办和参与可起到振奋民族精神，推动社会发展与进步，促进社会主义精神文明建设的作用。

在大型体育赛事的组织管理运营过程中，赛事主办方应关注体育赛事的社会文明建设责任与推动价值，通过赛事举办积极引导整个社会文化与文明的正向发展。

（三）正面并积极处理各种环境问题

人的各方面发展都离不开稳定和谐的自然环境，人与自然的和谐是指在人类社会发展既要关注人类，又要关注自然，以期实现人与自然万物发展的协调。

大型体育赛事是一项开放性的系统性的活动，在活动前后和活动期间会对周围的自然环境、人文社会环境产生重要的影响。在体育赛事对自然环境的影响中，有一些影响是不可逆的，如果规划和处理不当会对赛事举办地区的自然环境造成严重破坏，这是赛事运作管理所必须考虑的问题。

自然是人类社会发展的基础，体育的可持续性发展同样离不开对自然环境的利用与保护，二者必须协调统一。①

---

① 李龙，陈中林．现代竞技体育文化的和谐内涵[J]．体育学刊，2007(3).

第三章　市场经济视域下大型体育赛事的运作与管理

在经济全球化和体育全球化背景下，大型体育赛事的运作与管理必须首先考虑体育赛事本身所能在国际、国内经济环境中所创造出来的经济价值。良好的经济价值的获得是大型体育赛事得以持续运行和长久发展的重要基础。本章重点就市场经济视域下的大型体育赛事的具体开展实施进行系统分析，以从经济学和管理学角度分析大型体育赛事的科学运作与管理，促进大型体育赛事的经济价值的更好实现。

第一节　大型体育赛事的申办

一、体育赛事申办的动机

大型体育赛事的举办可以通过体育与社会政治、经济、文化、科技、信息等多要素的密切联系来影响和推动整个社会的发展。因此，许多国家和地区都十分重视大型体育赛事举办权的争夺。

当前正处于经济和体育快速发展的新时期，不同的国家和地区从自身的利益出发，都积极申办大型体育赛事。申办动机虽各不相同，但都是以实现国家和地区整体利益为出发点的。

大型体育赛事的举办具有社会效益、经济效益、文化效益、环境效益及其他效益，分析体育赛事的申办城市的赛事申办动机，主要有以下几种：

(一)扩大社会影响

体育赛事无论规模大小，都是展示城市文化与风貌的一个重要的文化标志。对于体育赛事的组织者来说，通过体育赛事的举办能让更多的人来了解到赛事主办城市，是对城市的一种良好宣传。通过举办体育赛事可以提高城市的地位，展示城市的形象。

(二)改善投资环境

体育赛事的举办需要一定的经济实力，同时，体育赛事能充分展示赛事举办城市良好的社会经济、文化环境。通过举办体育赛事可以加快城市的建设，为城市的进一步可持续发展创造良好的氛围与环境，由此可吸引本地、外地企业和组织投资。

(三)提高人文素质

体育赛事可以宣传文化，赛事举办城市通过举办体育赛事，能实现对本城市的传统优势文化的宣传，可以促进城市体育文化事业的发展，并培养全民参与意识和主人意识、还可为进一步提高体育竞技水平奠定基础。

(四)促进对外交流

通过体育赛事举办，不仅可以吸引体育工作者以及体育运动爱好者关注赛事举办城市，也可以吸引赛事赞助者关注赛事举办城市，在市场经济条件下，会有很多市场主体关注赛事情况、关注赛事举办城市的经济发展情况，从而寻找商机。

体育赛事的举办是一种体育文化输出，大型体育赛事举办期间还有各种文化表演展览活动同期举行，因此大型体育赛事的举办不仅可以促进体育界的文化交流，还可以促进其他行业和部门的文化交流。可见，大型体育赛事是一个城市、地区和国家对外交流的一个重要窗口与平台。

二、体育赛事可行性研究

(一)体育赛事可行性研究的过程

体育赛事的举办涉及许多因素,任何一个因素的安排不妥,都有可能影响赛事的成功申办和举办。因此,在体育赛事申办之前,一定要对体育赛事举办的可行性进行深入分析,深入分析影响体育赛事举办的各社会、政治、经济、文化等要素是否完善,并在赛事举办或者申办之前对赛事的成本和效益等因素进行研究,综合判断赛事的可行性程度,以为体育赛事运作与管理组织与结构权衡利弊提供参考。

具体来说,体育赛事可行性研究的过程如图 3-1 所示:

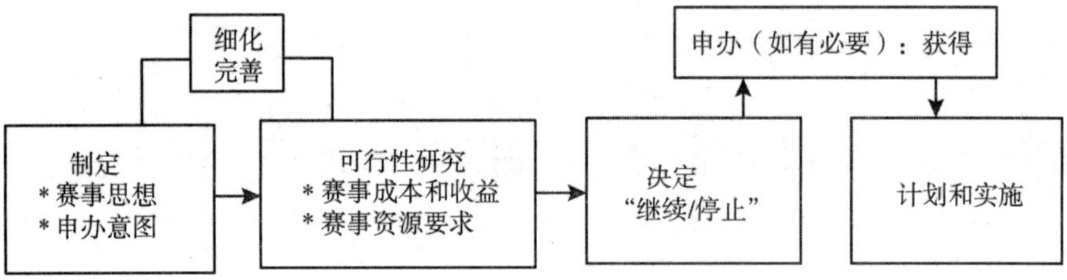

图 3-1

(二)体育赛事可行性研究的内容

体育赛事的举办需要大量的体育资源投入,包括体育的人力、财力、物力、信息、技术等资源条件,因此,体育赛事的可行性研究也多围绕体育资源展开。具体包括对以下内容的研究:

(1)赛事举办缘由。

(2)赛事影响。

(3)达到赛事目的和目标的机会。

(4)政府支持程度。

(5)城市居民支持程度。

(6)公共和私人财政支持的来源。

(7)可获得的体育资源支援。

(8)赛事历史纪录,如利润收入。

(9)赛事计划时间的充足性。

(10)选择举办时间的考虑因素(地理、气候)。

(11)城市基础设施的基本要求(交通、通信)。

(12)赛事物资资源(场地和设备)。

(13)体育资源投入成本预算。

(14)赛事预计收入计算(门票比例、门票发行、资金来源等)。

(15)赛事管理技术设施与环境。

(16)赛事风险管理举措。

三、体育赛事申办的程序

(一)国际大型体育赛事申办

国际大型体育赛事,具体是指多个国家、地区代表团参与的大型综合性运动会及单项体育赛事,国际大型体育赛事的代表性赛事主要有奥运会、足球世界杯、世界锦标赛赛事、世界大学生运动会等。

以奥运会和亚运会的申办为例,对国际大型体育赛事的申办分析如下:

1. 奥运会的申办

奥运会的申办一般会提前几年确定,以便于申请举办国家和城市有充足的时间去准备。《奥林匹克宪章》中规定,任何城市想要申办奥运会,必须按照奥运会组委会所要求的程序提前8年提出申请,并且多个申请城市公平竞争,经过层层考察、筛选、投票后最终确定举办城市。

2. 亚运会的申办

亚运会是亚洲地区的体育盛会，主要在亚洲具有影响力的大城市举办。亚运会的举办城市的选择也需要提前申请、认真考察、层层筛选才能最终确定。

从亚洲的体育发展历程来看，在以往，亚洲各国与城市对亚运会的申办积极性并不高，需要做大量动员工作，究其原因，主要还是因为大型体育赛事的消耗大，容易给举办城市造成较大的政治、经济负担。现阶段，随着亚洲各国经济的不断发展，愿意承办亚运会的国家与城市日渐增多，从 1990 年第 11 届亚运会开始，有了承办竞争，亚运会的申办还体现了亚洲不同地区的政治、经济力量较量。亚运会的举办需要考虑举办城市的综合实力。

申办亚运的程序具体如下：

(1)亚奥理事会发出申办通知。

(2)有申办意向的城市在规定日期内向亚奥理事会提交申办意向书，交纳手续费。

(3)亚奥理事会对拟申请举办亚运会的各城市进行初步考虑，颁发同意申办文件。

(4)各申办城市提交申办报告书。

(5)申办城市考察。

(6)申办城市竞选陈述会，投票确定最终举办城市。

(二)国内大型体育赛事申办

1. 国内大型体育赛事类型

目前，我国国内大型体育赛事主要有两大类：

第一类：以奥运竞技体育项目为主要赛事项目的体育赛事，包括全运会、省运会、城运会等。

第二类：以非奥运项目为主的体育赛事，赛事以促进大众健身、娱乐、休闲为主要目的，包括地方群众体育赛事、少数民族赛事、特殊人群赛事等。

2. 国内大型体育赛事申办程序

根据我国国内大型体育赛事的不同分类，具体的相关体育赛事的申办也有所不同。

按奥运会竞技项目设置的大型单项体育赛事，赛事在举办准备期间进行赛事招标工作，结合国家体育和行政部门确定主办方，并积极协调各方体育资源，筹备赛事。随着我国市场经济的快速发展，目前此类赛事的举办日益社会化、市场化，也不乏社会组织申请承办的情况。此类体育赛事的申办程序如下：

(1)省级政府向国家体育总局提出申办请示。

(2)国家体育总局竞技体育司分析申报材料，进行考察和评估，提出评估报告。

(3)报国务院批准赛事举办申请。

非奥运会项目的赛事申办，目前主要有以下三种申办途径：

(1)大型综合性运动会。

①主办地政府向项目运动会的主办机构提出申办报告，这些机构通常都是相应的部委所属的体育组织，一般按照谁主办、谁审批、谁负责的原则和渠道审批与管理。

②多个部委共同主办的，由主负责的部委牵头申请。

③报国务院批准。

(2)单项体育赛事。

①由申办者向国家体育总局或下属职能司、项目管理中心直接申请审批或经总局同意后由职能司、项目管理中心发出批准文件。

②由各相关行业体协审批。

(3)军队体育赛事。

由总参军训部体育训练局审核，中央军委领导批准。

此外，涉及港、澳、台的体育赛事须先报政府主管部门港、澳、台办公室，对方同意再报体育行政部门审批。

3. 国内大型体育赛事申办实例分析

以全国运动会的申办为例，全国运动会是中国水平最高、规模最大、影响力最深远的体育盛事，四年一届。1959年9月，第1届全国运动会在北京隆重举行，此后的三届全国运动会也都在北京举办。

从第五届开始，全运会的举办城市开始主要集中在我国大城市，各大城市轮流承办，随着我国社会经济的不断发展，越来越多的城市有了大型体育赛事举办实力。1994年9月8日正式印发了《全国综合性运动会申办办法(试行)》，全国运动会竞争申办。

决定采取申办办法确定全国综合性运动会的承办地点，并于同年全国运动会的申办程序具体如下：

(1)主办单位发申办通知。

(2)申办单位递交申请书，报省级政府同意批复。

(3)主办单位对符合申办条件的城市复函同意书，并确认各城市的候选资格。

(4)申办单位递交申办报告。

(5)主办单位实地考察。

(6)主办单位召开申办会议，听取各城市的申办报告、并做出综合评估。

(7)主办单位初步确定承办单位，上报国务院批准。

(8)主办单位与承办单位签订委托承办协议书。

四、体育赛事举办权的获得

通过最终的投票角逐出举办权后，体育赛事的主办方宣布和授予主办城市体育赛事主办权，体育赛事举办城市着手做好体育赛事举办的各种准备，例如采用不同的形式与方法，进行宣传、推广、展示，通过研究明确体育赛事的质量、包装的形式与水平、宣传的渠道与途径、展示的形式与方法，做好各种体育资源支持。

第二节　大型体育赛事的策划与营销

一、体育赛事策划与营销要素分析

（一）赛事市场环境分析

当前我国市场经济条件下，各行各业的市场主体都能充分认识到体育赛事对经济产生的影响，并能通过各种形式的赞助直接或者间接地投入到体育赛事的运作过程中，以实现赛事举办期间企业获得良好效益。

就我国的大型体育赛事的举办来看，不仅仅是体育相关企业，而且奶业、饮品业、食品业、服装行业等的市场主体都投入到了体育赛事中来，积极赞助体育赛事，宣传企业产品与企业形象。

但是也必须充分认识到的是，当前我国体育赛事的市场化策划与营销运作还存在诸多的不足。以体育赛事的电视转播权为例，在我国，对于大型体育赛事的转播权的管控中，政府官方媒体具有较高的优势。一般来说，中央电视台作为我国官方重要媒体之一，对大型体育赛事的转播权具有绝对性的转播权利，如2008北京奥运会期间，中央电视台就是奥运赛事转播的一个主流媒体。赛事转播权的经营中，大型体育赛事的市场营销压力不大，因为赞助商大都很乐于赞助大型体育赛事，但由于大型体育赛事消耗太大，因此，对于我国大多数企业来说，赞助行为具有偶然性、短期性特点，这充分表明了我国体育赛事市场还不成熟。

（二）赛事运作任务分析

1. 赛事资金运营

体育赛事过程中需要大量的资金流通，对于赛事资金的运作管理是十分重要的，这关系到能否及时为体育赛事活动的举办提供必要的资金支持以确保赛事活动顺利开展。

赛事资金运营是赛事主办方和组织管理者的一个非常重要的任务，必须要做到充分、合理利用每一分钱。

2. 赛事赞助招商

大型赛事的举办需要资金支持，这一资金需求量是非常庞大的，需要从社会各方进行集资，赛事赞助招商就是很好地解决赛事资金短缺问题的一个重要途径。

3. 赛事竞赛管理

体育赛事的顺利进行离不开赛事各部门之间的协调工作，既然有部门分工，就会有利益区分，自然也就会产生利益冲突，如何处理好各部门之间的矛盾与摩擦是体育赛事运作管理非常重要的工作内容与任务。

当前，我国在大型体育赛事运营管理方面具有了一定的经验，国家体育总局以及各项目管理中心是体育赛事的最高管理部门，各省市的管理部门具有一定的丰富的专项竞赛管理经验，有能力举办大型体育赛事。

（三）赛事管理者素质分析

赛事的管理者对于赛事的运作具有重要的影响，其素质的高低将直接决定了的赛事的质量。在赛事管理者所应具备的各种素质中，较为重要的素质包括以下几个方面：

（1）体育专业知识与体育相关知识。

（2）政策法律知识。

（3）项目管理。

（4）财务管理。

（5）人力资源管理。

(6)市场营销。

(7)商业策划。

(8)商业谈判、公共关系处理。

(9)从业职业道德与基本社会道德规范。

二、体育赛事策划与营销过程分析

(一)赛事价值预测

体育赛事有多种类型与举办目的,并非所有体育赛事都能盈利和实现预期的经济效益,也存在大型体育赛事,如奥运会举办后,城市和国家背负巨大资金亏空,经济发展一蹶不振的现象。此外,有些赛事举办虽不能获得良好经济效益,但是能获得巨大政治效益,也会在政府的支持下坚持举办赛事。因此,赛事价值预测是决定赛事是否举办的重要工作,只有科学的预测赛事价值,才能最终决定是否承办该项赛事。

体育赛事的价值预测包括政治、经济、文化等多方面的价值,其中,经济价值是市场经济条件下举办体育赛事最为看重的价值,如果赛事承办方经验不足,或者市场经济形势发生变化、经费欠缺和营销技术的欠缺,就有可能影响赛事的继续开展和决定采用什么样的方式进行赛事营销。

(二)赛事营销策划

在大型体育赛事的营销策划中,对赛事进行营销与策划,应首先明确赛事营销策划主体。从广义上来说,体育赛事市场营销主体可以是任何赛事利益者,这些赛事利益者为了促进自我利益的实现,对赛事进行有针对性的营销与策划,不同的赛事利益者所追求的赛事利益不同,因此,在体育赛事营销方法上,也会有不同的选择(表 3-1)。

表 3-1　体育赛事营销主体与营销目的

体育赛事营销主体	体育赛事营销目的
政府	促进城市和政府知名度的提高
参赛运动员	提高竞技水平,为个人与集体争光
体育经纪人	促进运动员知名度与竞技能力的提高
赞助或支持体育赛事的企业	建立与消费者的沟通渠道,传递企业信息,增加产品销量,促进企业知名度的提高
媒体	提高媒体知名度与美誉度

现阶段,在体育赛事的营销策划中,体育赛事的策划营销主体的角色主要由政府、中介组织、赞助商担任,通过相应的申报手续,就可开展。这些类型的赛事商业价值相对较高。

体育赛事经纪人作为体育赛事的策划与营销主体对体育赛事进行商业运作时,主要有以下两类赛事营销策划:

(1)对体育赛事进行营销策划首先看重长远利益,扶持一些项目长期运作,能获得长期的可观的利润。

(2)对体育赛事的商业运作属于企业的短期行为,因此,在体育赛事的营销策划中主要追求短期利益,多选择能引起社会关注的赛事进行运作。

(三)体育赛事计划

赛事计划在赛事运作中具有重要地位,在体育赛事的申办权被确定以后,结合赛事营销策划目的,体育赛事计划即可启动。

现代管理学认为,体育赛事计划是一个动态的统筹过程,计划涉及目标(做什么)、完成目标的方法(怎么做)。计划的目的在于指明方向,为了确保体育赛事的顺利开展,应制订一个全面的战略、多层次的赛事计划,以促进体育赛事目标的实现。

制订体育赛事计划,首先应确定计划目标,体育赛事的目标制订应根据影响赛事的环境和资源进行全面系统分析。确定体育赛事目标之后,应结合赛事目标制订体育赛事运作的具体计划。

体育赛事计划是一个系统的逻辑过程，有学者根据管理理论提出了赛事计划的具体流程图（图 3-2）。①

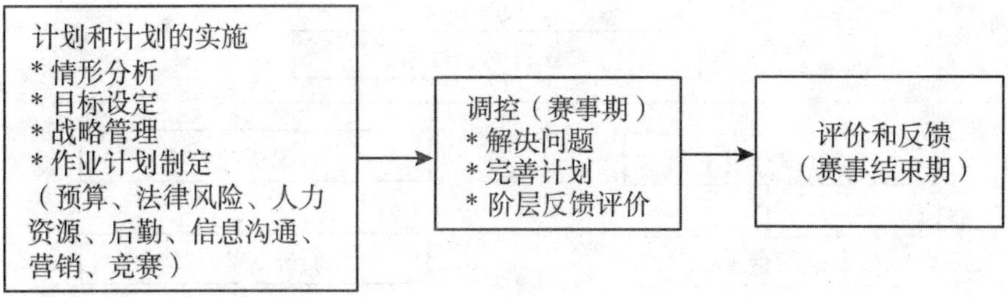

图 3-2

1. 体育赛事战略计划

发展到现在，体育赛事内容丰富、形式多样、类型繁多，不同规模、类型和水平的赛事对计划会有不同的要求。国际大型体育赛事，如奥运会，此类体育赛事组织水平复杂和高级、影响广泛且深远，因此，对于大型体育赛事应制订科学完整的体育赛事战略计划。

体育赛事战略计划是对体育赛事的远期、宏观统筹，由于体育赛事类型、规模和水平的不同，体育赛事计划是非机械、直线型的，而是应具有灵活性。

赛事战略计划是一系列决定组织长期绩效的管理决定和行动。根据赛事战争计划进行的体育赛事的战略管理过程中，涉及战略觉醒、战略选择、战略实施。根据 Stephen P. Robbins 战略管理过程，体育赛事战略计划管理过程流程图如图 3-3 所示。

2. 体育赛事作业计划

体育赛事作业计划是对体育赛事的微观层面的工作计划安排，是对如何完成整体目标的细节规定。通过体育赛事计划的实

① 王守恒，叶庆晖．体育赛事管理[M]. 北京：高等教育出版社，2007.

施，可促进体育赛事各项工作的有序开展，通过实施具体作业计划可达到预期目标。

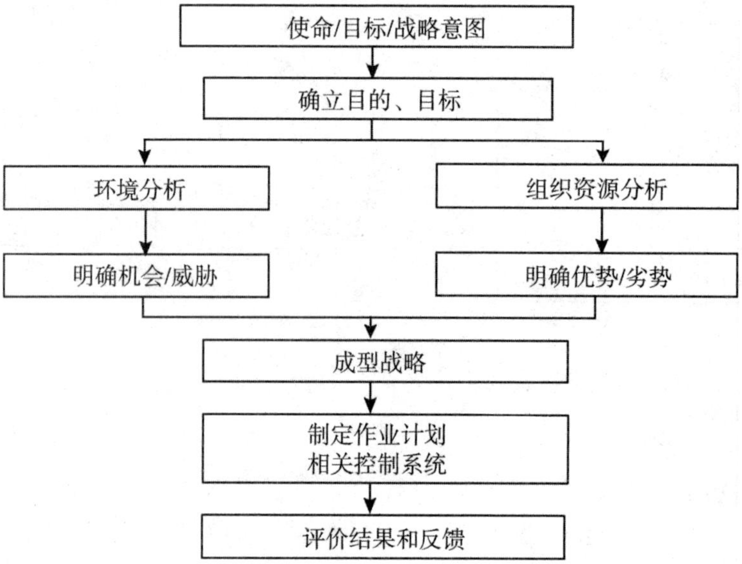

图 3-3

在体育赛事的实际工作开展过程中，由于体育赛事规模的不确定，体育赛事的作业计划也会随之发生改变，但无论体育赛事的规模、级别如何，作业计划都必须包括如下几方面内容：人力资源、营销、竞赛、信息沟通、财政管理、风险管理、后勤管理等。体育赛事的作业计划各个任务领域均可进一步细化，各细分作业计划的一系列具体目标的完成可以促进整体目标完成。

目前，体育赛事策划与营销管理中，通常采用 PERT（Program Evaluation and Review Technique）图表示赛事作业计划的完成情况。PERT 图，又称网络分析技术图，是一种箭线流程图，可以根据需要表现应完成的任务顺序（图 3-4）。

3. 体育赛事战略计划与作用计划的不同要求

体育赛事战略计划与作业计划，二者是宏观与微观的关系，在不同层次赛事组织中应有不同的要求和体现（图 3-5）。

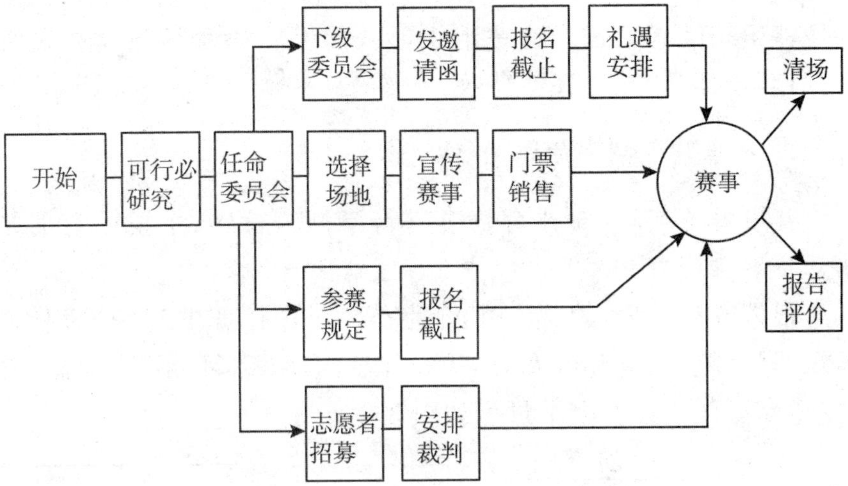

图 3-4

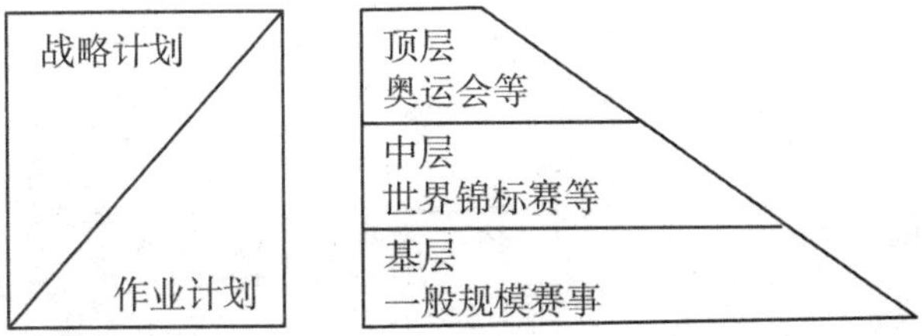

图 3-5

在体育赛事运营管理过程中，战略计划和作业计划的制订都是非常重要的，只是二者对体育赛事的管理的角度和侧重点不同，赛事战略计划是对体育赛事的总体把握，赛事作业计划是对体育赛事过程推进的工作安排，提醒赛事运作者关注任务流程，保证行动与计划相一致，同时可以提醒赛事组织者随时关注体育赛事过程及其变化，不断地比较绩效与目标，以便及时调整计划。

（四）赛事组织运营

赛事组织运营的统筹管理工作由赛事组织结构负责。一般小型赛事，组织结构较为简单；大型综合性赛事则需要采取职能型组织结构；商业赛事则一般需要借助于外界组织力量来举办比赛，呈网状结构。在我国，综合性体育运动会的组织结构建设多为职能组织结构形式。这一组织形式能够明确赛事过程中的任务，有利于部门分工，管理高效。

1．赛事筹备期间的纵向运作

赛事筹备期间，对体育赛事进行策划与营销，主要的目的是搭建赛事舞台。

根据赛事计划，建设分工负责赛事运作任务的组织部门，使组织部门分工负责赛事人力资源、信息沟通、后勤、预算、风险、营销、竞赛运作任务。整个过程如图 3-6 所示。

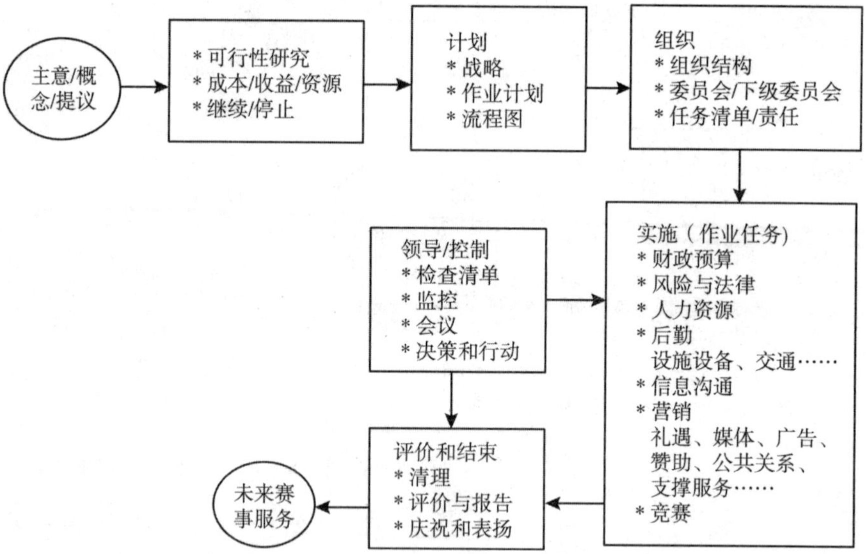

图 3-6

2．体育赛事产品营销

体育赛事产品具体可分为三个层次，即核心产品、有形产品和附加产品。不同层次赛事的体育产品所面对的体育消费者群体不同，因此，在营销过程中所采取的具体营销策略也不同，对此应详细区分和进行市场细分分析。

现阶段，对于体育服务的认识提高到一个新的境界。体育赛事活动开展，场地、器材是必不可少的硬件条件。因此，竞赛产品是赛事的核心产品。

体育赛事产品营销是体育赛事策划与营销的一个非常重要的环节，体育赛事的组织者应做好以下工作：

（1）做好市场营销活动管理，简言之，即计划与组织，执行与控制。战略设计要围绕营销组合的部分或全部要素进行，要朝向目标市场和致力于建立积极的关系。

（2）分析市场信息，设立赛事营销的目标和战略，强调无成本或者是低成本，尽量避免在没有足够论证的情况下的大量广告或降价行为。

（3）制订营销目标和策略，营销目标应该是特定的、可测量、可达到的。

（4）做好营销预算，从财政、人文和环境等多角度分析具体营销计划的可行性。

（5）寻求企业赞助，保证体育赛事顺利运作。

3. 体育赛事综合营销

大型体育赛事的产品种类多样、产品层次多样，赛事所面对的赛事各利益相关者不同，所面对的赛事消费群体也不同，这些都需要在赛事营销过程中认真考虑，综合分析，并兼顾各个方面。因此，要想获得最大的体育赛事效益，就应综合考虑各方面的赛事营销要素，注重综合营销方法的选用（图 3-7）。

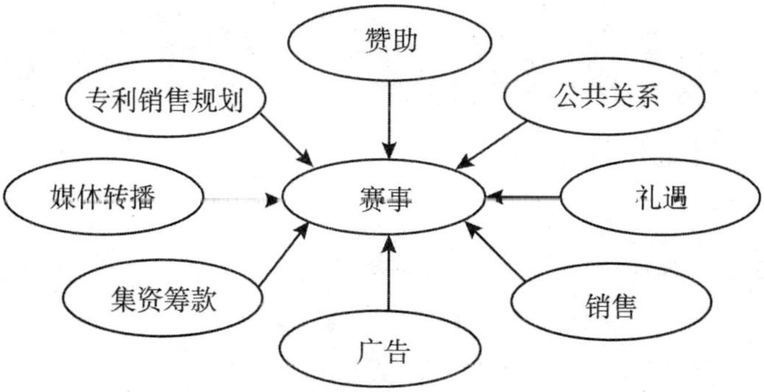

图 3-7

三、体育赛事策划与营销战略

美国经济学者迈克尔·波特研究提出了企业经营三大战略，这三大战略可以借鉴应用到体育赛事策划与营销中。具体分析如下：

（一）总成本领先战略

总成本领先战略是集中于企业成本控制的一种市场策划与营销战略，它要求企业引进工作效率高、规模化的生产设施，尽全力减少成本，从宣传推广、管理研发、服务、广告等多方面控制承办。

成本是影响市场投资收入的一个重要因素，因此，任何市场降级行为都应该重视成本的控制，总承包领先战略应用于体育赛事策划与影响，旨在对这些成本与费用进行严格化的控制，在管理上高度关注，实现赛事运作效益的最大化。

（二）差异化战略

所谓差异化战略，具体是指实现企业产品或服务的差异化，促使企业拥有整个产业中别具一格的事物。

在市场经济条件下，企业通过设计形象，特色技术与服务提供、特色营销等来实施差异化战略的途径。在以上几方面，差异化是最佳考虑要素，但是也必须充分认识到，差异化战略的实施需要投入的体育资源较多，相对来说，这是一种高成本的赛事投资，因此应慎重选择选用。

以我国马拉松赛事为例，近年来我国马拉松赛事发展迅速。随着市场化进程的加快，我国马拉松赛事改变单独由政府运营的模式，形成政府协助、公司主体运作的模式。在赛事运作中注重赛事创新，不断完善赛事组织的服务质量、打造赛事的新型服务模式，在赛事服务模式上提高了产业价值链的运作效能(图 3-8)。①

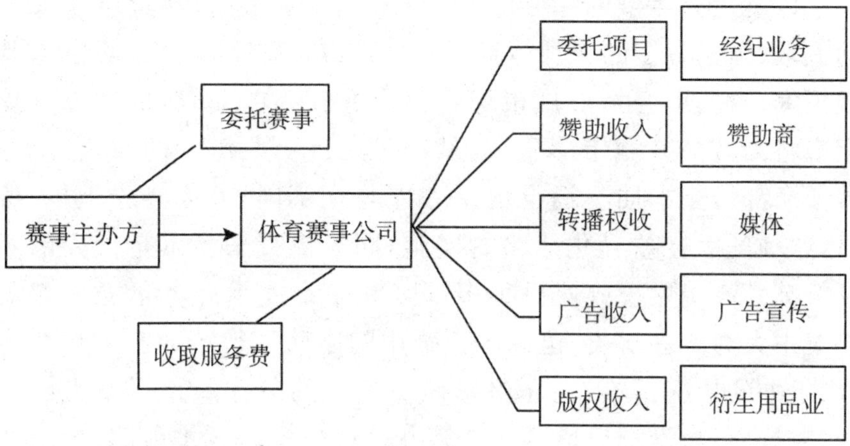

图 3-8

对于体育赛事运营来说,特色化的策划与营销可以提高社会对赛事的关注度,但是,也需要面临着较高的成本代价的问题,这就要充分考虑到赛事组织者的经济实力基础了。

(三)专一化战略

所谓专一化战略,具体是指专门应对某一特殊顾客群、某一产品线的特定细分区段或者某一特定区域的市场。实施该战略的企业能够使其获利潜力高于整体产业的平均水平。

具体来说,企业的市场行为的专一化实施,能有效降低企业的赛事运行成本,但是,专一化的战略对于企业的特殊对象的需求不能充分照顾,在赛事营销过程中,可将差异化与专一化营销充分结合起来,集合二者的优点。

在体育赛事的策划与营销实际运作管理过程中,上述三种经营战略并非绝对意义上的划分,而是在体育赛事中的选择环节、申办环节、筹备环节、组织环节,为体育赛事运作管理的战略确立

① 支强.产业价值链视角下我国马拉松赛事运营模式研究[J].体育文化导刊,2018,10(10):105-106.

提供了思考的方向。

以奥运会赛事的举办为例，在全世界范围内，奥运会是参与的人数、国家最多的一项体育赛事，其影响范围非常广，再加上其规模大，对奥运会举办城市综合实力有较高的要求，成功举办奥运会将大力提升城市形象，为城市带来巨大收益。同时，各承办城市又都希望本届奥运会的举办能与众不同，大放异彩、引人注目，这种奥运会差异化战略的实施，同时也带来了资金投入的不断升高。高费用投入使得很多国家和城市在承办奥运会时都需要集中大力气去解决，也有因为费用问题而不得不放弃奥运会申办、承办的情况。第 23 届洛杉矶奥运会的运作赢得了很大的成功，究其原因，洛杉矶奥运会的筹办过程中实施成本战略，大力贯彻实施“勤俭节约”方针，在筹办过程中还对“节省每一分开支”的政策进行了有效执行，在场馆、竞争、行政、接待以及办公室等多个方面都严格控制成本。与此同时，通过多种措施减少各项开支，有效利用各种体育资源，减少场馆重建、资源重复配置、减少不必要的人力投入，加强不同部门的相互帮助与协作以减少体育赛事的各项支出，做到赛事举办的低投入、高产出，实现赛事运作与经营的高效管理。

现阶段，要成功举办一场大型体育赛事，就必须结合赛事实际、赛事组织方实际、举办地的实际等，在充分追求体育赛事目标的基础上，有针对性地选用和实施相应的营销战略，体育赛事的承办单位承办体育赛事，其首先考虑的就是自身利益的最大限度的实现，但是又要兼顾体育赛事的发展规律和特点，同时也要兼顾体育赛事相关利益者的效益的实现，如此才能确保体育赛事的顺利进行与开展。在体育赛事运行管理部门内部，也要兼顾好各个部门之间的相互利益，做到协调统一。此外，赛事的成功举办，不仅要充分考虑当下承办单位和组织利益，还应充分考虑赛事发展的长远利益，在营销战略运用中具有立足实际，同时应具有远见卓识。

四、我国体育赛事策划与营销中的问题与解决对策

（一）理念问题

我国体育赛事的市场是最近十几年才慢慢发展起来的，随着我国市场经济持续发展，职业体育经纪单位，如俱乐部在体育赛事运营中发挥着重要作用，我国大型体育赛事举办的当下国情是强调“政府主导，市场运营”。

新时期，要真正促进我国体育赛事市场的全面发展，就必须从政府层面做起，减少政府干预，充分发挥政府的方向指导作用，充分发挥市场对体育资源的调节作用，实现体育赛事的高效策划与营销。

（二）政策法规问题

现阶段，我国体育赛事市场经营管理中缺乏必要的法律法规和政策约束，使得体育赛事市场秩序不能得到有效的维护。

此外，在我国体育赛事市场中，执法不严的问题时有出现。制订相关的政策和法规是为了规范赛事中的行为，执法不严会严重扰乱市场秩序，不利于我国体育赛事的商业化运作。

针对我国体育赛事市场方面政策与法规不健全，相关政策与法规落实不到位的问题，应加强政策与法规的科学制订，并加强监督，切实稳定体育赛事市场。

（三）体制问题

长期以来，我国在体育事业发展方面均采取举国体制，在计划经济时期，这对于大型赛事活动的开展具有积极推动作用，但是，随着我国市场经济的不断发展，举国体制开始对我国体育赛事市场产生了消极的影响。在举国体制下，通过行政手段来进行赛事资源的配置，市场对赛事市场配置赛事资源的空间、时间被不断挤压，使得我国赛事市场发展缓慢，

在市场经济条件下，大型赛事的主要收入来源包括出售赛事的转播权、广告和门票收入等。大型体育赛事的举办过程中政府发挥着重要的作用，政府在某种程度上成了体育赛事的营销决策者，而营销的开支则由相关企业"买单"，这是一种非常不合理的赛事营销现象，严重影响了赛事市场发展。

（四）人才问题

从我国整体的体育产业与体育市场发展现状来看，在体育赛事经营管理过程中，人才是推动企业发展的重要推动力，是增强其竞争力的重要推动力。我国体育产业是一个较为年轻的产业，缺乏经验，发展过程中缺少充足的人力资源支持，体育产业各方面人才的需求缺口较大。

人才的培养和人才体系的构建是促进体育赛事发展的重要内容和手段，针对我国体育赛事专业营销、管理、技术、信息等各类人才短缺的问题，在市场化发展过程中，应不断提高我国体育赛事市场中人员在文化、体育业务知识与经营管理水平等方面的素质。

人才是推动事物发展的根本要素，任何市场决策的确定、市场行为的执行，最后都要落实的具体的部门和人身上，由此可见体育人才培养对体育事业与产业发展的重要影响。我国体育赛事市场要实现科学可持续发展，就必须重视市场经济人才的培养，注重体育产业人才的培养。

（五）效益问题

目前，我国体育赛事市场中存在许多不惜花费巨大投入盲目举办赛事、扩大赛事规模、在赛事举办过程中资源利用不充分、铺张浪费等问题，这种现象会对体育赛事的经营效益造成严重的影响。因此要及时、科学地对赛事进行合理的评估。

一项大型体育赛事的举办，需要必要的场馆设施，还有大量的人群涌入城市而产生的各种交通、住宿、环境等问题，公共服务负担沉重。例如，北京奥体中心举办大型赛事时，也有限流、封闭奥体中心地铁站的先例。2010年广州亚运会的闭幕式上，出动的安保力量达到5万人次。许多赛事的频繁举办，公共体育场地占用、交通管制、环境问题等，都给百姓日常生活带来了不便。

必须充分认识到，大型体育赛事的综合效益是十分复杂的，为了保证大型体育赛事的顺利举办，举办体育赛事时，政府和体育赛事主办方应综合考虑各方面的投入与支出，尽量避免当地居民竞争着社会公共资源，注重体育赛事的综合效益的实现。

第三节　经济新常态背景下大型体育赛事的市场开发

一、体育赛事市场开发概述

（一）体育赛事市场开发的概念

体育赛事市场开发指体育赛事运作管理机构以赛事所拥有的各种资源为立足点，尽可能地通过市场交换行为促进赛事收入增加的过程。

（二）体育赛事市场开发的步骤

结合国内外体育市场的发展经验，可以将体育赛事的市场开发步骤总结如下：

1. 设置赛事机构

一个科学合理的体育赛事组织机构及其体系的设立，是体育赛事成功举办的重要基础。领导和控制是重要的管理职能，在体育赛事实施过程中，要特别注意领导和控制手段的运用，确保赛事按计划进行或适时调整。在体育赛事整体运作管理结构中，赛事运作过程随时间推进在运作上表现出两个方面，即赛事在筹备期间纵向为主的运作和赛事实施期间横向为主的运作（图3-9）。

体育赛事的市场开发贯穿于体育赛事的整个过程中，在整个体育赛事运作期间，赛事组织机构都应该认真、协调完成各项赛事工作与任务。

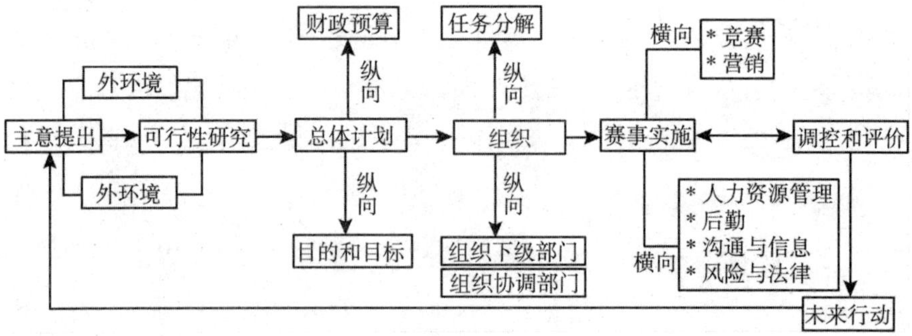

图 3-9

体育赛事的运作主体不同，体育赛事的市场开发部门与组织结构也不同。但在内部的架构上通常都是以业务及职能为依据进行划分的。

(1)体育赛事运作管理机构为公司性质，通常在公司内部设置市场开发部门。市场开发部门根据职务设立具体的工作部门，并对这些部门的各项工作进行统筹规划、监督管理、关系协调，共同促进赛事市场开发各项工作的顺利开展。

(2)体育赛事的组委会由政府行政部门组织建立，通常由组委会直接领导，结合具体的市场开发工作性质，设置具体工作部门，各部门在各自部门的业务范围内开展工作，同时，各部门彼此又具有一定的联系。

2. 统筹赛事资源

高效的市场开发应充分利用好各种体育资源，市场开发部门应全面、详细地对赛事所具有的市场资源进行调查、统计、归纳、整理和分类，以便于在赛事的市场开发过程中做到资源统筹、高效利用。

统筹体育赛事资源具有以下特点：

(1)工作量大。统筹资源的工作量非常大，涉及各种实地测量、现场拍摄、图样设计、数据统计等工作。

(2)注重细节。体育赛事市场的开发推广以及执行工作是否细致影响重大，细小的误差，可能产生非常严重的后果，因此必须重视每一个细节。

(3)重视协调。如统计电视转播权资源时，主要负责部门及时联系负责广播电视工作的部门，相关部门积极做好筹备、协调、沟通、资料统筹等工作。

(4)富有创意。体育赛事资源无非涉及人力、物力、财力、信息等资源，在资源类型方面没有很大的差异，但每个类型之间在具体形式和内容上的区别却很明显。对新的市场资源不断进行挖掘，或以原有资源为基础开发新资源，有利于体育赛事市场资源数量的增加、质量的提高、价值的扩大。

3. 确定市场开发目标

根据体育赛事举办目标，确定体育赛事的市场开发目标。

(1)以赛事的资金实际需求为依据确定赛事市场开发目标，我国许多大型体育赛事普遍采用这一方式来确定目标。地方政府通常会通过拨款支持赛事举办，赛事资金估算，赛事市场开发的目标金额计算如下：

体育赛事的市场开发目标所需经费＝赛事所需资金估算—财政拨款

(2)先估算赛事市场资源的总体价值，以此确定赛事市场开发目标。估算时，综合考虑赛事市场开发的各项要素，如往届赛事开发经验、同类型赛事市场开发情况，赛事环境(社会、经济、自然环境等)等。

在体育赛事的商业运作中，对于体育赛事运作机构而言，最理想的市场开发收入形式就是现金，主要优点是不需要计价、折旧、变现、保管、保质期等，方便管理、使用灵活。但是在实际的赛事运作过程中，赞助商可能希望通过赞助产品或者提供服务来展示产品的性能或服务的质量。所以，在体育赛事开展过程中提供体育产品和服务，如服装、电脑、比赛器材、印刷服务、网络设备、餐饮服务、汽车服务等，这些产品和服务有时比直接的资金支付更具有可利用价值，也是较为理想的市场开发收入形式。

4. 确立市场开发规则

开发赛事市场要遵循“公开、公平、公正”“稳定、统一、权威”的原则，只有这样，才能保障顺利有序地开展体育赛事的市场开发工作，才能避免人云亦云、朝令夕改。一般而言，体育赛事市场开发的规则和规定包括如下几种：

(1)总体规则规定。如《体育赛事市场开发总体计划》。

(2)专业、专项规则规定。如《体育赛事电视转播权管理规定》《体育赛事广告管理规定》《体育赛事专有权管理规定》《体育赛事市场开发代理管理规定》《体育赛事捐赠管理规定》等。

(3)特殊规定。《体育赛事特殊标志管理规定》等。

5. 制订市场开发方案

体育赛事市场开发方案包括两类，即总体方案、各项开发工作具体方案。

(1)体育赛事市场开发总体方案，包括以下基本内容：

①市场开发的目标对象范围确立。

②销售预期目标制订。

③费用预算。

④工作要求。

⑤销售策略与销售方式等。

(2)体育赛事市场开发各项开发工作的具体方案包括以下基本内容：

①电视转播权销售方案。

②赞助销售方案。

③门票销售方案。

④特许经营权销售方案等。

6. 实施市场开发方案

体育赛事市场开发方案实施是对市场开发工作进行有计划、有步骤的开展，在体育赛事整个市场开发过程中耗时最长、耗费的资金最多、投入的人力最大。

体育赛事市场开发方案的成功实施具体衡量目标如下：

(1)体育赛事市场开发的收入，这是对市场开发工作质量进行衡量的硬指标。如果一项声势浩大的体育赛事在市场开发过程中出现了赤字现象，或者盈余少，那么该项体育赛事的市场开发不能算是成功的。

(2)体育赛事市场的开发对象满意度，购票观众、赞助商、对电视转播权进行购买的媒体机构等是常见的开发对象，赛事市场开发收入主要来源于这些开发对象。如果作为体育赛事开发对象的赛事客户对赛事不满意，则赛事的市场开发也是不成功的。

7. 市场开发总结评估

体育赛事市场开发的评估与总结主要包括如下几方面的工作：

(1)建立工作档案。收集与整理有关市场开发的资料(各类文件、光盘、报纸、录像带、杂志、图片等)，为下届体育赛事的举办参考与借鉴。

(2)撰写评估报告。总结赛事市场开发工作的总体计划、执行情况、人员配置、经费与后勤管理等，提出未来赛事开发的建设性意见和建议。

(3)答谢活动。诚恳地答谢体育赛事举办过程中提供各类体育资源支持的赛事相关利益者、部门或个人。

(4)人员表彰及激励。对在体育赛事市场开发工作中具有优异表现的先进分子及工作人员，给予感谢与鼓励，树立组织良好文化形象，提高组织人员凝聚力，树立榜样。

二、当前我国经济新常态现状分析

(一)经济结构问题的突显

改革开放至今,我国社会各方面均发生了翻天覆地的变化。进入21世纪,我国的社会经济取得了巨大的进步,但也必须认识到,随着我国社会经济的发展,我国的社会经济的供需关系问题日益凸显。长期以来,投资、消费、出口,是我国经济增长的"三驾马车",这是从需求侧出发,对经济发展的分析,是从经济发展和运行结果对经济发展和运行过程的倒推和控制。在世界范围内,我国的经济发展重点长期以来放在工业生产方面,我国服务业发展滞后,金融、养老、医疗、教育等市场准入门槛高,在我国第三产业所占比重低。①"过剩产能""中低端产品过剩,高端产品供给不足"等经济结构不合理导致的各种经济问题严重制约着我国经济的发展。

当前我国经济发展新常态下,结构调整是一种大逻辑、大格局、大趋势,是中国经济发展必须面临的改革。新时期,国家在相关政策方面强调"供给侧结构性改革"。

(二)经济发展的供给侧结构改革

2012年,世界经济一片低迷——欧债危机充满变数、美国经济增速放缓,这一时期,中国经济走势万众瞩目,正是在这样的国际经济发展背景下,供给侧的相关理论在我国开始引起小范围的注意。面对"世界经济普遍低迷、中国经济下行压力大"的国际经济形势,"稳增长"被放在我国经济发展中宏观调控的重要位置。

2014年,陈东琪(原国家发展和改革委员会宏观经济研究院

---

① 宋立,郭春丽等.中国经济新常态[M].北京:中国言实出版社,2015.

副院长）指出，改革开放以来，我国经济高速增长。在经济下行期，宏观调控主要侧重于需求侧（内需和外需方面）进行。新时期，要实现国民经济的全面稳步发展，应在总结以往需求侧调控经验的基础上，在供给侧（供给方面）做文章，利用政府的宏观调控着力放在激活微观活力（减税、金融改革等）方面，增强企业经济发展活力。

2015年11月，中央财经领导小组第十一次会议提出，要促进过剩产能有效化解，促进产业优化重组，习近平总书记强调指出，必须“坚持稳中求进，坚持改革开放，加强供给侧结构性改革”。

2015年11月10日，中央财经领导小组第十一次会议举行，首次正式提出“供给侧改革”这一概念。

2015年12月，中央经济工作会议在京举行，提出我国经济发展新时期的宏观政策、产业政策、微观政策、社会政策、改革政策共五大政策。

2016年1月26日，习近平主持召开中央财经领导小组第十二次会议，深入研究了供给侧结构性改革方案。

2017年10月18日，中国共产党第十九次全国代表大会在京召开，习近平总书记在十九大报告总结了我国经济改革发展的成果，也指出了未来我国经济改革的方向和目标。

当前，我国正处于由“需求侧”向“供给侧”的经济转型期，“供给侧”与“需求侧”对应，更加关注生产要素的供给和有效利用，强调顺应经济发展的过程。从市场经济主体入手，通过鼓励企业创新、促进淘汰落后、降低税费负担等方式，来从根本上增强我国的经济发展实力，是当前我国经济改革的重要趋势与战略对策。

三、经济新常态下体育赛事市场开发理念

新时期我国经济新常态背景下，体育市场中的各类经济主体应该积极转变观念，紧跟我国经济由“需求侧”向“供给侧”的形

势，树立“供给”理念，为市场提供优质体育产品与服务。在体育市场中对体育赛事开发中树立创新发展理念，激发自身创新创造能力。

结合我国经济发展新态势，从宏观和微观两个层面对体育赛事开发新理念分析如下：

（一）效益理念

赛事开发应该综合考虑赛事效益的获得，包括社会效益、经济效益、环境效益等。以往人们错误地认为，体育赛事市场开发过程中，在取得相应的社会效益的同时，经济效益会受到一定程度的损失，但实际上，体育赛事的社会效益的获得与经济效益的获得二者并不矛盾，如果社会效益和经济效益处理得当，便能够使两者都能够得到良好的发展。

从体育赛事的长期可持续发展的角度来看，体育赛事的效益取得是需要综合考虑的，经济效益与社会效益之间具有密切的联系，如果社会效益好，则体育赛事市场就会越做越大，从而促进经济效益的提高。但必须充分认识到，体育赛事经营管理的重点是实现体育赛事的综合效益，应在赛事经济效益、赛事政治效益、赛事环境效益中找到一个效益平衡点，不能单纯为了实现某一项赛事效益而不顾其他赛事效益的实现。

因此，在体育赛事市场开发中，应最大限度地实现体育赛事的多种效益的协调发展和最大化。

（二）服务理念

成功的体育赛事市场开发与营销就在于能为体育消费者提供优质的赛事服务，为体育赛事赞助商提供优质的广告服务，为媒体提供良好的赛事转播宣传服务。因此，赛事开发，重点应放在“服务”上。

要提供良好的赛事服务，应注重以下几方面工作的落实：

(1)关注体育消费者需求。赛事经营者要把体育消费者的需求放在重要位置,各项工作开展得好坏的标准在于消费者的评价。

(2)控制成本。这里所说的成本是指体育消费者的消费成本。体育赛事经营追求经济效益,但是应注重短期利益与长期利益的结合,同时应充分研究考察体育市场发展,科学合理定价,在市场开发和赛事经营期间应在满足自身基本经济效益获得的基础上尽最大可能降低体育消费者获得满足的成本。这种成本不光包括获取体育服务的货币支出,还包括他们的时间耗费、精力耗费以及承担的各种风险。

(3)方便消费。赛事经营者要尽最大努力提高体育消费者获取体育服务和其他相关服务的便利性。体育消费者在体育赛事过程中的良好消费体验的获得与赛事各方的全方位优质的服务是离不开的,方便、快捷、优质的服务能为消费者提供良好的消费体验。

(4)注重沟通。赛事经营者要科学经营赛事,就必须了解体育赛事消费者的消费需求,应及时与赛事消费者进行赛事需求沟通,以便于有针对性地进行赛事营销。

(三)创新理念

体育赛事市场开发,应注重产品、服务、技术等的创新,注重体育赛事产品开发。在新产品开发前,应先对产品市场进行分析,以便于更有针对性地对市场进行分析,如此才能打造出更适应市场需求的体育赛事产品。

就我国当前体育赛事环境来看,各地筹办重点赛事,应注意结合群众体育需要打造热门赛事,冰雪运动、山地户外运动、水上运动、航空运动等新兴赛事,都可以成为培育体育消费新业态的重点,成为新的具有市场潜力的体育赛事。①

① 钟文.精心培育体育消费新业态[N].人民日报,2018.10.15(015).

四、经济新常态下体育赛事的门票销售

(一)销售策略

体育赛事门票销售策略主要包括以下几种：

1. 门票分类策略

通过对体育赛事门票进行分类(表 3-2)，可以结合不同门票制订有针对性的销售策略，一般来说，除了特邀人员和贵宾，门票均可通过网络、指定售票点购买获取。

表 3-2　体育赛事门票类型

分类依据	门票类型	
比赛场次	单场票	单次比赛观赛门票
	套票	系列场次观赛门票
座位区域	贵宾票	与赛场中心靠近，视野开阔，无视线障碍，多为赠票
	包厢票	机构使用的专属门票，座位有相对独立分隔空间
	普通票	离赛场中心较远，位置较偏
是否对号入座	编号式门票	观众必须按票面上座位号对号入座
	开放式门票	观众无须对号入座，先入场者先选择座位

门票是体育赛事的重要产品价格表现，可以客观反映出不同门票本身所具有特征，不同的门票可以满足不同的市场需求，可以将自身的不同价值体现出来。门票价格的制订依据分类不同可分为不同等级，同一等级的门票还可再进行细分。

2. 销售网点策略

体育赛事门票的销售网点策略，主要是结合体育赛事实际，设置门票销售网点数量、类型及分布区域。

从体育市场经济的基本规律来看，体育赛事的门票营销中，

在其他因素不变的情况下，体育赛事的门票销售网点设置越多，体育赛事的的销售投入成本就会增加，但销售网点并非越少越好，还要充分考虑赛事门票的卖出。为了更好地进行赛事门票销售，应合理布局门票销售网点数量和地理位置，并结合多种门票销售方式，如网上购票与网点相结合，进行门票销售。

3. 销售时间策略

大型体育赛事包括许多个单项比赛，不同的体育运动项目的比赛时间不同，因此，体育赛事门票的销售时间也具有时间上的先后。大型体育赛事的观众数量多，不同的体育赛事对观众的吸引力不同，这就要在赛事门票的具体销售时间上做出规划，门票的销售时间不能太早以影响消费者的消费体验，但也不能太晚以至于赛事临近门票难以销售出去留有大量剩余。

体育赛事门票的销售策略中应包括具体的赛事门票销售时间的规划，如具体的体育赛事、开幕式、闭幕式的门票的预订时间、售票时间为何时、售票结束时间等。

4. 门票定价策略

门票定价受多种因素影响，如门票分类、销售时间等，因此门票定价策略也相应地会受到门票分类策略、门票销售时间策略的影响，应以门票类别、销售时间为依据，分别推出零售票、套票、团体票、预定票等。

门票定价策略制订应注意以下几点：

(1)制订不同价格的门票以吸引不同消费层次的购买者。

(2)设计门票价格分级不要过于复杂，否则会增加门票销售管理的成本和难度。

(3)大型体育赛事的项目多，销售门票数量大，销售方式多，门票价格体系应层次合理、分级简洁。

(二)销售渠道

就当前大型体育赛事的销售来看，体育赛事门票销售主要有三种销售渠道——直接销售、委托销售、直接销售与委托销售相结合，具体可结合赛事实际情况进行选择。

不同的销售渠道和方式各有利弊，没有绝对的好，也没有绝对的坏，在体育赛事门票销售中应结合赛事时机科学选用。体育赛事运作管理机构对门票销售渠道的合理选择需要以赛事的特点以及自身的能力、经验为依据来进行。

1. 体育赛事运作管理机构直接销售门票

直售门票，对于体育赛事的经营管理者来说，不需要向任何其他结构支付代理销售费用，可以降低门票的销售成本，但是需要雇佣销售人员并设置销售网点。一般来说，如果观众群体稳定，无大的变动，可以自主售票。

2. 全权委托专业票务管理公司代售门票

代售门票，简单来说，就是赛事经营管理者委托其他专业的票务机构对赛事门票进行销售，由专业机构制订和实施具体的门票销售策略与计划，赛事经营管理者向委托机构支付一定的代理费用。这种销售管理省心、风险共担，但代售门票有代理成本，不容易控制代理公司的行为，风险较大。

3. 直接售票与代售相结合

体育赛事运作管理机构直接销售门票和委托专业票务管理公司全权代理销售门票相结合的方式被现在很多赛事使用。

但是必须值得注意的是，如果对多种门票销售方式的关系处理不当，无法准确运用直接售票与代售相结合的门票销售方式，不但二者之间的协同合作不会实现，而且还可能造成二者的冲突，对赛事门票价格造成冲击，使赛事形象受损。

五、经济新常态下体育赛事的转播权开发

体育赛事电视转播权，是指赛事主办单位给予某一电视机构

进行赛事报道的权利，以及对于被授权机构提出相应要求的权利。体育赛事电视转播权是一种知识产权，是现代体育赛事的基本收入来源中一个重要的来源和核心组成部分。

在现代体育赛事广泛化多层次经营的现阶段，广播电视版权的有偿转让也成为体育赛事运作管理机构获取可观利润的重要的一个关键渠道。在西方体育赛事市场中，很多品牌体育赛事最主要的一个收入来源就是销售电视转播权。

经济新常态下，大众体育赛事消费需求丰富多样，对赛事信息的了解也十分多样。同时，知识产权和信息付费时代的到来，使得赛事主办方也非常重视赛事转播权的开发与运营。在赛事转播权开发与运营中应公平公正、多角度多层次开发、实现转播权运营的专业与高效，对此可参考以下流程开发体育赛事的转播权。

（一）公开招标

"公平公正"是体育活动、体育比赛的基本前提，也是市场经济竞争的重要基础，因此，在体育赛事转播权开发方面也要做到公开、公正。对此，体育赛事运动管理机构或赛事主办单位可采用公开招标的方式来将电视转播权出售给电视机构。

当前，我国市场经济发达、体育市场成熟，这为赛事主办方公开招标销售赛事转播权的方式提供了良好的前提与基础。

对于电视、广播、互联网机构来说，多机构积极参与竞争，这些机构支付一定的费用，购买赛事转播权，旨在通过赛事转播收获一定的观众群体，扩大本媒体的观众数量、提高观众的关注度，并使观众对本媒体平台形成依赖，如此就能进一步进行广告销售，进而实现本媒体的收益。各类媒体对体育赛事转播权的购买竞争应公平、公开、公正。公开招标，一旦不能确保公平、公正、公开，就会影响体育赛事形象。

（二）议价购买

市场经济发展，离不开市场竞争，议价购买转播权是市场竞争所决定的，是符合体育市场经济发展规律的。

在秉着公平公正的基础上，电视转播权的销售一方与购买方应在秉着真诚合作的基础上进行协商，共同探讨赛事转播权的价格，并对双方在交易过程中的相关权利和义务进行明确的规定，并在双方自愿、互惠的基础上签订购买协议。

（三）广告置换

媒体是投放广告的主要主体，不同的媒体面对不同的受众，并拥有自己的固定的受众群体，这就使得不同媒体之间存在着一定的广告受众差异，使得不同的媒体之间进行客户群体的“互通有无”成为可能。这种“互通”主要是通过媒体之间的广告置换来实现的。

在媒体与媒体之间的市场经营管理行为中，不同媒体之间的广告置换是一种非常普遍和常见的经营手法，具体是指不同的媒体通过向其他与自己具有不同受众的媒体来销售电视转播权。

一般来说，在大型体育赛事的经营运作期间，赛事媒体之间的广告置换过程中，体育赛事运作管理机构或主办单位进行赛事广告置换，参与赛事广告置换过程中，不宜直接对电视机构转播赛事的费用，而是通过提供电视机构对等价广告时段来实现“对等交易”，并达到有偿转让电视转播权的目的。

需要特别指出的是，如果体育赛事市场运作不太成熟，或者某个大型体育赛事在早期运营过程中并不具备较高的知名度，其赛事商业价值还没有得到广大媒体、赛事受众的普遍认可时，会采用广告置换的销售方式。我国经常采用这种销售方式。

大型体育赛事的经营运作过程中，电视媒体机构中的广告内容主要是赛事宣传和赞助商的商家广告。

（四）一揽子计划

“一揽子计划”，是一种商业打包销售行为，具体是指对体育赛事电视转播权进行销售时，并非销售每届的电视转播权，而是打包销售数届赛事的电视转播权。

在国内外的大型体育赛事开发过程中，“一揽子计划”的赛事转播权销售案例非常多，而且具有代表性。简单列举几个如下：

1995 年，美国 NBC 电视公司与国际奥委会签署电视转播协议，以 25 亿美元买进 2004 年和 2008 年夏季奥运会、2006 冬季奥运会的电视转播权。

1998 年，国际奥委会同阿拉伯国家电视签署合同，以 185 亿美元购买了 2000—2008 年奥运会的电视转播权。

2005 年，我国中央电视台与中国足球协会达成贸易交易，直接买断了足协“中国之队”未来 5 年的电视转播权。

“一揽子计划”是赛事转播权开发的一种成功销售模式，它能最大限度地确保赛事转播权销售的稳定性和延续性，可降低谈判成本，有利于促进电视结构与体育赛事主办单位之间的长期、战略性合作。

（五）中介运作

大型体育赛事转播权的经营与销售是大型体育赛事运作成功和获得赛事收益的一个非常重要的部分，因此，赛事的主办方都非常重视。为了促进体育赛事转播权经营管理的更加科学化、高效化、专业化，有时体育赛事主办方会将赛事转播经营委托专业的体育中介经纪公司进行经营。

在体育经营行业中，体育中介经纪行业是全球体育产业发展到一定阶段的产物。从事体育赛事电视转播权代理销售的中介机构是体育经纪行业中非常重要的一种体育经纪机构。

在体育经纪行业中，通常来说，体育赛事转播权的经营与销售是体育中介运作的重要赛事内容。

小型体育赛事的举办过程中，常会因为缺乏赛事专业运营管理专业人员，同时鉴于赛事组织方的信息比较闭塞，会在电视转播权的推广与销售中存在局限性，这时，委托体育中介对赛事转播权进行运转就显得十分重要。

在大型体育赛事的举办过程中，赛事的经营管理内容多、项目杂，主办方往往会分身无术，同时也为了使得赛事的转播权能得到最好的开发，也往往委托体育中介机构进行更加专业与高效的运作管理。在体育赛事不断发展和体育赛事市场不断扩大的背景下，现代体育赛事的电视市场广阔，利用电视转播渠道一方面可以实现对赛事的专业推广，另一方面可以通过电视转播权销售中获取良好的经济效益。因此，赛事电视转播经营作为赛事收入的重要来源之一，应当科学、专业，将赛事电视转播权销售交给专业的中介公司进行运转是一个非常合理的选择。

六、经济新常态下体育赛事的媒体宣传与推广

(一)赛事的媒体素材准备

在体育赛事市场中，赛事信息是一种具有商业价值的体育资源，体育赛事主办方要想实现良好的赛事经营与管理，就应该正确对待和处理好这些信息。

但是必须认识到，体育赛事营销并非赛事信息发布这么简单，赛事主办方必须处理好与各媒体之间的关系，并专门设置赛事新闻中心和公关部门，为赛事的媒体宣传做好各项准备工作，以始终树立良好的赛事形象并不断扩大赛事影响。

与体育赛事媒体沟通，应注意以下几方面的媒体材料的准备。

1. 体育赛事的基本材料

(1)赛事发展史(创立时间、历届情况、现状等)。

(2)赛事的主要领导、赛事的组织机构、赛事的名人轶事。

(3)赛事项目的设置。

(4)赛事场馆的分布。

(5)赛事的志愿者数量。

(6)赛事的商业合作伙伴、转播商。

2. 体育赛事的竞赛资料

(1)赛事日程(开幕式、闭幕式、颁奖等)。

(2)竞赛抽签分组安排,运动队的具体情况。

(3)比赛规则。

(4)运动员、教练员、裁判员的基本信息。

(5)比赛得分情况,最终比赛结果,奖牌数量与排行。

(6)比赛奖励与惩罚情况等。

这部分素材信息是不固定的,可结合具体赛事规模和媒体需要进行准备,由于该部分的赛事信息时常有变动,而且信息量大,应确保信息的准确性、实效性。提供给媒体的赛事信息一定要全面、准确,能够对媒体记者提出的最基本问题进行回答,将公正客观的赛事信息提供给媒体。

3. 体育赛事相关活动资料

(1)体育赛事相关庆典活动。

(2)体育赛事相关文化娱乐活动。

体育赛事运作管理机构要尽早提供赛事相关活动的日程安排,尽可能详细地将活动相关资料(活动时间、地点、程序、参与人员等)提供给媒体。

4. 记者赛事报道的相关资料

记者报道工作的相关资料,并非媒体直接宣传报道内容,但是对媒体记者的媒体报道具有帮助作用。例如记者接待事项、记者报道注意事项、记者食宿与交通等。

不管是哪种形式或内容的体育赛事宣传素材,在对其进行制作,或将其提供给媒体的过程中,都要确保信息的及时、准确、真实。同时,在为媒体提供赛事信息、资料过程中,要注意良好的信息沟通渠道的建立,确保方式的正规与渠道的畅通,在关键问题及重要事件上应形成统一立场,建立对外宣传信息发布审核批准制度,严格采访程序。

(二)建立赛事媒体沟通机构

1. 新闻中心与广播电视中心

新闻中心,是体育赛事对外进行信息宣传的窗口,也是体育赛事信息的"官方发言者",所有有关赛事的信息都在这里得到汇总、整理,并及时发布出去。

体育赛事的新闻中心还是赛事主办方与各媒体进行交流的一个重要中介部门,赛事新闻中心的工作质量和效率直接关系到媒体对赛事的印象。因此,赛事新闻中心应积极与各媒体保持良好的联系,以便于随时沟通、协调。

在体育赛事媒体相关推广、开发工作中,赛事管理者应结合赛事的具体规模大小、工作量大小、工作便捷度等来确定赛事新闻中心的规模与办公地。

赛事举办期间,新闻中心应做好以下工作:

(1)向赛事媒体提供各种赛事信息、媒体素材。

(2)举办媒体记者参观采访赛事及联谊活动。

(3)举办定期或不定期的新闻发布会。

(4)向各媒体记者提供所需各种设备。

(5)严格赛事媒体服务,重视赛事媒体的一站式服务实施。

大型综合性体育赛事的举办,由于赛事项目内容多,通常会选择在多个体育场馆举行比赛,因此需要在不同场馆中对主新闻中心和多个分新闻中心进行建立。

2. 体育赛事广播电视中心

大型体育赛事中,体育赛事的广播电视转播是体育赛事转播和媒体商业行为的一个重要的组成部分。通过电视与广播的形式来对体育赛事进行播放和报道,对于赛事运营方来说可扩大宣传与推广,对于媒体来说能增加体育受众,为电视台和广播站赢取更多的有效的广告商机。

3. 新闻中心与广播电视中心建设

科学建设新闻中心与广播电视中心具体操作步骤如下：

(1)需求及技术调研。对赛事新闻广播中心想技术性调研，明确各媒体记者类别、数量、需求等。

(2)设计方案。赛事主办方和赛事主要管理者在了解记者相关信息的基础上，进行选址、构造、布局。

(3)实体建设。建设新闻广播中心，并进行场地改造、装修、装潢。

(4)设备购置。以新闻广播中心的建设方案为依据，进行电视、广播设备的购买与安置，以确保赛事新闻广播中心人员能正常办公，并满足各媒体对外宣传报道需求。

(5)安装与调试设备。测试设备并进行试运行工作，确保所有设备正常工作。

(6)人员培训。对赛事新闻广播中心的专业人员和志愿者进行业务培训，确保技术人员随时维护维修设备，确保各项赛事宣传、报道工作的正常开展。

(7)建设制度。确保新闻中心与广播中心规范化运作，建立相应的配套制度，如《新闻中心新闻发布会制度》《新闻中心管理制度》《广播电视中心管理制度》等。

(8)运作监控。为确保新闻中心与广播中心稳定顺利运作，随时监控对新闻中心与广播电视中心的运作，避免出现疏忽或者失误。

4. 新闻与广播中心建设建议

(1)信息传递高效。最大限度地使媒体记者能对赛事信息进行快捷、全面、准确的了解，对赛事信息进行加工创作后向各个媒体及时传送，使媒体能够及时报道与宣传体育赛事信息。

(2)及早沟通。在新闻与广播中心的建立过程中，要重视与“人”的沟通，媒体人中，与赛事管理者直接接触的主要是媒体记者，他们是新闻中心与广播电视中心最直接、最主要的服务对象，因此，赛事管理者应充分了解新闻媒体的实际工作，并听取他们对新闻中心及广播电视中心建设的意见及建议，以更好地合理配置与利用赛事的有限资源。

(3)慎选设备与技术。新闻中心与广播电视中心所涉及的工作技术性和专业性都很强，需要高技术设备，如网络、电脑、光纤等，具有较强的专业性。为了从技术上充分保障新闻中心及广播电视中心的顺利运作，新闻中心与广播电视中心的实体建设需要由专业的设备及技术供应商完成，确保新闻媒体设备的高质量与高技术水准，确保赛事媒体工作的正常开展。

(三)与媒体建立与维护关系

当前经济发展新背景下，我国各项体育事业与产业的发展都注重经营创新，体育赛事市场运作管理正在不断向市场化、社会化的方向发展。在大型体育赛事的市场开发过程中，体育赛事运作管理机构对体育赛事的经营与管理更加重视对多行业、产业的交流与合作，尤其重视通过多媒体力量的运用来传播与营销赛事，体育赛事的每天宣传与推广是现代大型体育赛事市场开发的重要环节。

从市场经济关系的本质来看，大型体育赛事的商业运作过程中，对体育赛事的媒体宣传与推广，其本质就在于赛事机构要与媒体建立、维护良好的关系，具体应把握好以下经营管理要素。

1. 时间

在大型体育赛事的市场开发运作管理过程中，赛事管理机构或主办单位在与媒体建立、维护良好的关系时，时间因素是一个需要重点考虑的因素。

具体来说，在大型体育赛事的媒体宣传与推广过程中，赛事主办方与媒体的关系的建立与维护的时间选择、时间段确定，以及在不同的合作周期中应该注意合理事件的时间控制是非常重要的。从本质上来说，赛事管理机构与媒体之间的关系建立、维护的时间数量是一个变量，如管理者需要花费一定的时间来结识媒体人员，与之建立良好的关系，并通过一些时间来维护关系。在媒体关系的建立与维护过程中，这种相互关系还会受到赛事、媒体、主办单位等众多相关因素的影响，是很难确定的。

大型体育赛事市场运作和开发，赛事经营管理者应与各媒体之间保持良好的关系，这是确保赛事转播工作正常良好开展的重要基础，良好的媒体关系能确保体育赛事的持续的曝光度，有助于树立良好的赛事形象与扩大赛事正能量。

大型体育赛事的举办受到多种要素的影响，有很多因素都是不可预测的。赛事举办与商业运作过程中可能会出现各种各样的问题，对赛事问题的处理关系到赛事的正常开展，与大众对赛事主办方的赛事举办、运作能力的评定，也关系到赛事的整体效益的获得。一旦在大型体育赛事运作过程中出现了突发事件，赛事管理者在与各媒体保持良好的关系的基础上可实现与媒体的快速、有效、及时沟通。

以我国大型体育赛事的举办为例，诸如我国的全运会、2008 年奥运会，赛事的主办方是政府，对于各电视台来说，报道各代表团赛事情况是许多媒体记者的官方任务。但尽管如此，赛事运作过程中，对赛事的媒体宣传与推广过程中，赛事管理者仍然要主动结识各媒体，与不同的媒体，包括主流媒体和自媒体，保持良好的关系，以便于使媒体去积极、主动、正面地报道与宣传赛事。

当然，不管何种性质的赛事运作机构，都必须利用一定的时间，投入一定的物力、人力与财力与赛事媒体保持良好的关系，这种投资是必需的，是体育赛事营销管理中必须要做而且应重点对待的工作内容。

2. 时机

良好时机的把握是做好任何一件事情都必须应考虑的因素，对时机的把握很可能会成为决定一件事情成败的关键。体育赛事的宣传，信息传播时机把控非常重要。

具体来说，体育赛事运营时机应重点考虑媒体关系建立时机、维护时机、媒体宣传信息的时机。

当前我国体育赛事市场中，在赛前、赛中、赛后举办新闻发布会是一种非常普遍的现象。这种形式促进了赛事主办方与媒体的直接沟通，但是，其中也存在着一定的沟通问题。最明显的问题就是，赛事新闻发布会的媒体宣传效果并不理想，新闻发布会上的一些信息，媒体记者通过新闻稿件可直接获取，而且所有参与发布会的媒体所获得的资料是统一的，并无差异；新闻发布会过程中，主办方占据主动，媒体处于“被动收听”的状态，这种沟通更多时候是单向的沟通。

此外，在大型体育赛事的媒体市场运作中，不同的体育赛事运作管理者会对赛事新闻发布会的举行时间有不同的意见和看法。不同的媒体对赛事信息的需求不同，但都强调第一时间获取最新、最有效的信息，信息发布、信息获取时机的把控非常重要。

3. 载体

赛事运作管理机构与媒体之间的载体不仅包括赛事运动管理机构向媒体记者提供的赛事宣传素材（视频资料、新闻稿等），也包括新闻发布会、记者见面会等相关活动。

不同内容与形式的载体（或可简单理解为关系活动）能为赛事主办方与各媒体之间提供更多的交流的机会，能实现更多的信息沟通。

4. 服务

体育赛事商业运营中，赛事主办方为赛事转播媒体提供的服务是否良好是赛事管理者与媒体保持高质量关系的基础。

赛事媒体服务工作包括许多内容，其中最重要的一个工作内容就是记者服务。记者是媒体对外进行赛事信息宣传的第一线工作者，记者的良好职业操守要求他们应该客观、真实、及时报道赛事信息，但是由于体育赛事信息多、杂，并且赛事场地环境中对记者信息报道造成一定的设备与技术困扰，在信息的收集、编辑、传播过程中难免会产生除个人情感因素以外的技术和数据错误问题。对此，体育赛事运作管理方应为媒体记者的赛事报道提供良好的记者服务，包括个人服务与工作、技术服务。

赛事运作管理者的媒体服务具体如下：

(1)媒体个人支持服务。为了确保媒体的良好工作状态与工作环境，应为媒体工作人员提供良好的饮食、住宿、交通、现场席位等服务。

(2)媒体技术支持服务。赛事信息传播需要信息传播技术的支持，赛事管理者应提供良好的媒体设施、设备。

七、经济新常态下体育赛事的公关关系协调

(一)公共关系与活动

体育赛事公共关系，指体育赛事运作管理机构在与环境进行交流与沟通的基础上，对体育赛事与环境间的协调、融洽的关系。体育赛事组织与其他各相关利益主体之间的公共关系活动与关系的建立可以帮助赛事获取正面评价，树立良好赛事形象。

在体育赛事筹办、举办期间，体育赛事公共关系的建立与建立后，需要开展一系列的公关活动。具体活动内容如下：

(1)做好赛事期间的体育文化娱乐与表演活动安排，营造良好的工作环境氛围。

(2)活动方案策划，结合体育赛事的主题，明确赛事特色活动主题并贯彻执行。

(3)组织与执行活动方案，作为体育赛事的重要消费者群体，赛事应与公众保持良好的交流与沟通。

(4)总结评估。

（二）公关组织建立

1. 组织机构设置

建立公共关系机构是进行公共关系营销与关系调节的重要基础和前提，公共关系活动部门通常设置在体育赛事运作管理机构内部，

大型体育赛事中不止举办一项公共关系活动，公共关系组织承担着策划赛事公共关系活动的重要任务。公共关系组织机构成立后应结合赛事需要以活动的具体数量及规模为依据，根据不同的活动需要组织相应规模和形式的公共关系活动，必要时可进行工作细分，安排不同项目组负责不同活动。

2. 人力资源配置

公共关系处理具体到工作过程中，就是对人与人的关系的处理，因为所有的活动的最终决定权和实施者都要具体到人身上。因此，公共关系组织中，对相关公关人员的选配是非常重要的。

大型体育赛事的公共关系处理涉及很多方面，有些工作有很强的专业性与技术性，有些活动的组织与执行有很大的工作量，要求公关人员必须具备专业的知识、技能与经验，必须具备较强的组织与协调能力。赛事公共关系活动的开展需要每一个公关人员都要做好本职工作，还需要不同的工作人员的协调，为了实现公共关系的更加专业、高效，在大型体育赛事的公关关系的具体人力资源配置中，通常由内部工作人员来负责策划、组织与协调等活动，由专业公司来负责完成大部分执行工作，整个工作过程中要严格监控外部公司及人员的工作。

大型体育赛事的运作中工作人员数量庞大，尤其很多赛事工作需要大量的赛事志愿者来完成，赛事活动对志愿者的需求量较大，因此要对从事公共关系工作的志愿者进行相关的培训。

3. 公关活动调研

在赛事运作过程中，赛事公关活动的举办一定要能够帮助体育赛事运作管理机构达到一定的利益目标。这就需要在公关活动开展前对具体工作内容、形式、效果进行调研，对赛事受众群体进行细致分析，确定“哪种活动对哪种受众群体最有效”，并预测“活动结果”及“活动效果”。

大型体育赛事举办是一个需要大量的人力、物力、财力投入的体育市场行为，在体育赛事的诸多活动中，具体到赛事公关活动中，体育赛事运作管理机构在这方面的可利用各种体育资源是非常有限的，利用有限的体育资源发挥最大的体育运作价值是赛事公关调研的重要活动目的，如果不能通过公关活动达到提高赛事运作的整体效益的目的，就不应该投入资源来举办活动。由此可见公关调研的重要性。

当前，主要从两个角度来获取公关活动调研的方法，具体分析如下：

(1)现实性调研，结合赛事自身相关公关活动积极展开调研工作，这种调研所获得的信息资料是直接的、具体的，可通过问卷调查、电话访问、邮件、座谈等形式进行。

(2)比较性调研，对体育赛事进行归类，对同一类型的体育赛事的公关活动进行对比分析。

4. 活动方案制订

大型体育赛事的公关活动的开展需要先制订公关活动方案，并对方案的效果进行预测，对活动方案的可行性进行分析。具体制订过程中应注意以下几点：

(1)以赛事为中心举办赛事公关活动，展示赛事形象。

(2)从时间和频率上注意对公关活动进行统筹安排，避免活动重复举行，避免体育资源浪费。

(3)在举办每项公关活动时，明确目标公众，突出活动主题。

(4)活动的内容与形式应符合活动主题,兼具创新和可操作性。

(5)结合体育赛事的市场开发工作筹办公关活动。

5. 活动方案执行

所有的活动方案,不管其有多少"亮点",有多大程度的创新,倘若没有可行性,就会是一项空方案。对于大型体育赛事的科学化市场运营与开发来说,赛事公关活动方案的科学与顺利执行将关系到是否可以使活动达到预期目标。

赛事公关活动方案执行应注意以下几点:

(1)在执行活动方案的过程中,工作人员要重视每一个细节。

(2)在执行活动方案时重视团队合作,赛事公关活动需要各部门之间进行合作与协调,单凭个人或一个部门是不可能成功举行。

(3)注意控制与监督活动的执行过程,注意对影响活动的多变因素,如安全情况、气候变化等,能正确应对和处理各种突发情况。

6. 总结评估

体育赛事公关活动结束后,对赛事资源配置效率进行检验,对赛事公关效果进行点评,以为日后的赛事公关活动开展提供参考。

(三)公共关系营销

在市场经济环境中,关系营销应充分考虑相关利益各方之间的关系,尤其要考虑作为消费群体的顾客的消费需求,"顾客是上帝",重点处理好与消费者之间的关系,以不断提高顾客的重视度,促进顾客的潜在者—顾客—客户—支持者—拥护者的不断进化,不断扩大市场份额,

参考市场中的商业关系,体育赛事的公共关系营销就是要求

赛事主办方和管理者，应正确处理好与承办方、与政府、与媒体、与赞助商、与体育消费者等之间的关系，重视与各赛事市场中的合作者、观众的深化培养，与赞助商、广告商、电视台、政府、社区等建立和保持良好的关系，促进与各市场主体的深入合作，使观众发展成为体育迷、支持者和拥护者。

大型体育赛事的市场活动经营与管理中，赛事公共关系的营销是非常重要的，关系到赛事运作过程中的各项赛事活动、商业活动的顺利开展，必须引起重视。

第四章　文化视域下大型体育赛事文化传播与品牌建设

体育与社会文化具有非常密切的关系，体育赛事开展本身就可以看作是一场体育文化的宣传与推广活动。在现代社会文化环境中，体育事业发展与社会文化的关系日益紧密，依托良好社会文化环境宣传体育赛事成为赛事在新时期市场文化环境中创新运作的一个重要突破口。本章主要从文化视域角度对大型体育赛事文化的发展创新进行分析探讨，主要集中探讨大型体育赛事文化的传播与品牌建设。

第一节　体育文化的构成、分类与传播

一、体育文化的构成与分类

体育文化历史悠久，在漫长的发展过程中逐渐形成了庞大的文化体系，发展到现代，体育文化体系内容丰富，种类多样。结合不同的分类标准，可将体育文化分成不同的文化形态，如根据体育文化地区文化特色的不同，可以将体育文化分为东方体育文化和西方体育文化，这两者共同构成了世界体育文化内容；根据文化层次，可将体育文化分为物质文化、精神文化、制度文化；根据体育文化功能，可具体分为学校体育文化、大众体育文化、竞技体育文化。

（一）东方体育文化、西方体育文化

1. 东方体育文化

东方体育文化以我国传统体育文化为代表。我国传统体育文化以中国传统文化为基础，是建立在“天人合一”的哲学思想基础之上的。中国传统体育文化的发展受到诸子百家文化的影响，与西方文化的竞技性特征明显不同。在我国传统哲学文化基础上发展起来的传统体育文化，蕴含了“和谐”“谦让”等特质。中国古代体育的众多项目都不是以竞争为主要目标，而是注重身心参与实践与体悟。

2. 西方体育文化

西方体育文化最鲜明的特点就是竞技性，这与西方体育文化诞生的生产生活环境具有非常密切的关系。西方竞技体育文化与古希腊的城邦竞争、海域生活的冒险性具有密切联系，在有限的生产生活资料下不得不注重竞争，这与农耕文明的自给自足是完全不同的生活形态，故而也产生了对现实功利的积极追求、竞争的文化。西方体育文化迎合了世界文明的发展需求，不断壮大，经过不断融合与交流，成为当今世界体育文化的主流。

3. 东西方体育文化的交融

人类文明的发展史是多元化的文明共同发展的历史，不同的文化在各自的社会经济领域不断向前发展，形成了世界多元化的丰富的人类文化体系。

在世界范围内，体育文化多元化的现象也是非常常见的，这正说明了人类体育文化的绚丽多彩。随着体育全球化的不断发展，各种体育文化相互碰撞、相互影响，并相互借鉴，在保持各自性质特点的基础上不断完善、和谐共生。

目前，西方文化由于西方工业文明的高度发展，对物质利益越来越看重，很多人将物质凌驾于精神之上，这种价值观在体育中表现为重结果，轻过程，导致了竞技运动的“物化”，促进了竞技体育的职业化与商业化发展。

竞技体育文化的“功利性”发展促进了现代职业体育与商业体育的发展，但是也在一定程度上导致了竞技体育中的不正当竞争。在东西方体育文化的相互交流过程中，东方体育文化中的“内外兼修”“谦逊”“重礼”等内容深深地影响了西方体育文化，促进了竞技体育对公平、公正的体育环境的强调。

体育全球化，并非世界体育文化同质化，而是不同体育文化的相互促进，是全世界各民族体育文化的共同发展，这使世界体育文化始终保持多样性。

同样不可忽视的是，作为东方体育文化代表的中华民族传统体育文化，其注重娱乐性、审美性、共同参与性，对竞技体育文化的文化价值观也产生了重要影响，东方养生体育文化也越来越受到西方体育爱好者的重视，蕴含在东方体育文化中的谦逊、韬光养晦、仁爱等文化精神也使世界上更多的人受到启发并为之着迷。

东西方体育文化各具特色，不断相互影响与融合，但又保持着自身的独特的特色，构成了丰富的世界体育文化。

(二)体育物质文化、体育精神文化、体育制度文化

1. 体育物质文化

物质文化是一种实体文化，是体育文化建设的基础，也是客观物质保障，是体育文化建设的“硬件”。缺少物质基础，则无法举办体育活动。

体育物质文化主要包括以下几方面内容：

(1)体育运动形式。

(2)体育场馆、器材、设施等。

(3)体育教材,体育文献、书籍、音像制品等。

(4)体育雕塑、体育建筑、体育广场等。

(5)体育标语,体育宣传画、文字等。

2. 体育精神文化

体育精神文化,简单来说,就是体育文化精神层面的内容,是体育文化精神领域的高度概括,包括体育观念、精神、道德等方面的内容。

3. 体育制度文化

制度文化是一种特殊的文化,是物质文化与精神文化之间的一种文化,是二者之间的纽带,也是二者的中间层次。制度文化是一种综合性文化。

(三)学校体育文化、大众体育文化、竞技体育文化

1. 学校体育文化

学校体育文化是在学校环境中传播的体育文化,学校体育文化是教育与体育相融合的一种特殊文化形态。

校园体育文化是指在学校这一特定的地理区域范围内的体育文化内容,在校师生、学校管理者、工作人员都是校园体育文化的重要参与者和塑造者。

从文化内容构成来看,学校体育文化是一种多元的文化形式,是体育文化的重要构成部分,也是当前我国发展学校教育和体育教育的重要内容之一。构建校园体育文化对于培养我国体育人才、营造良好的体育文化氛围、促进大众体育文化的发展具有非常重要的意义。

校园体育文化价值主要体现在其教育性上,表现在德育、智育和美育等多方面。

2. 大众体育文化

大众体育文化是社会大众中存在的体育文化内容，对改善大众身体健康状况、丰富大众精神文化生活及提高大众生活质量具有重要的促进作用。

大众体育文化是由个体和不同群体共同参与体育而形成的社会体育文化。在大众健身过程中，体育运动者出于共同体育爱好和兴趣而组织和参加各种形式的体育活动，以体育运动为主要活动内容，在共同参与体育活动的过程中还可以发展群体成员之间的关系。

大众体育参与是自发性的，它不以盈利为目的。对于任何一个社会成员来说，无论他是参与一个体育项目还是几个体育项目，往往是结合自己的身体健康需求和爱好来选择体育健身项目，一旦选定之后，参与的这些体育项目都是固定的。

大众体育参与者在参与体育健身活动的过程中，学习体育文化知识、技能、理论，并在参与体育活动中、与其他体育健身爱好者的相处过程中领会体育精神、体育道德，改善彼此之间的体育互动关系、人际关系，形成特定的群体文化。

随着知识经济时代的来临，社会的生产方式和人们的生活方式发生重大的变化，人们的观念发生了本质的变化，人们对于高质量生活的追求日益显现出来，越来越多的人开始重视体育健身，大众体育发展迅速，大众体育文化也不断丰富。

3. 竞技体育文化

竞技体育文化是体育文化中最为古老的文化之一。随着现代体育文化的不断发展，竞技体育文化的内涵不断丰富，其本身也被现代社会赋予了更多、更丰富的文化内涵与内容。当前，竞技体育文化体系已经是一个非常成熟的文化体系了。

奥林匹克体育文化是以竞技体育文化为核心的体育文化形态，是竞技体育文化中最具代表性的内容。

二、体育文化的传播

(一)体育传播的内涵

体育传播研究体育领域中的一切传播活动和现象,从而探索体育传播与人类社会的关系,研究体育传播从一种现象到成长为一种事业的发生、发展过程及其规律。[①]

体育传播,从根本上讲,是体育文化的传播,以及体育文化与其他文化、社会其他要素之间的关系的发展,角度不同,对体育传播的理解也不同。

宏观层面的体育传播以体育运动为媒介进行体育信息与文化的传播;微观层面的体育传播研究体育产生过程中的传播因素、传播现象或活动。

体育的传播在社会各个方面均有渗透,更重要的是一种体育精神渗透。以体育流行文化为例,大众的价值观念、审美倾向影响着大众传播媒介,而大众传播媒介又迎合、引导着大众。流行文化本身是双向的、不断变化的文化形式。体育流行文化在大众间广泛流传,并吸引着一部分大众不断加入。体育流行文化的休闲性、娱乐性、刺激性及其他的符号意义被放大,引起年轻人群的追逐,继而使更多的人加入进来。比如轮滑活动的普及就是这样一个过程。再如,极限运动在近些年的飞速发展,很大程度上就是因为当下人们厌倦不断重复的日常社会生活与工作,表现了渴望与追求刺激与自由的心境,而极限运动恰好满足了大众对刺激的需求。

(二)体育传播的形态

体育传播的形态,即体育传播的类型和模式。社会对体育功

---

① 王大中,杜志红,陈鹏. 体育传播——运动.媒介与社会[M]. 北京:中国传媒大学出版社,2006.

能的需求变化使得体育传播形态不同。

在学校体育与大众体育的相互交流与传播中，学校体育文化建设能使学生受到校园体育文化的积极影响，可以促进学生形成正确的体育观。当学生走出校门、进入社会时，就会有意无意地向其他社会成员传播这种正确的体育意识、体育道德、体育观。这就是学校体育在学生群体中的渗透，并通过学生毕业后进入社会的角色的转变，来实现学校体育文化向社会的传播。

社会体育传播，主要与体育产业发展有密切的关系，通过体育知识普及、体育广告、体育赛事等实现。

（三）体育传播的类型

1. 体育的自我传播

体育的自我传播是通过体育这一载体实现传播。具体来说，体育是一种运动，也是一种文化，体育文化就通过体育运动的开展来实现传播。以个人的体育健身活动参与来举例，个体参与体育健身活动，要实现良好的运动健身效果，就必须认真学习体育基础知识、掌握体育技能、了解体育规则与体育礼仪，如此才能科学参与体育健身活动。这就是体育通过自身实现了以运动者个人为载体的体育信息的自我丰富与传播。

体育自我传播的存在，使得体育活动不仅仅是单纯的肉体运动，而且还是包括了身心互动的运动。体育活动与身心发展具有密切关系，体育不仅能改变人的外在形态，还能通过影响人身体的发展来影响人心理的发展。通过体育健身参与，不仅能锻炼身体，还能改进人的精神。体育在创造壮健的形体的同时，也塑造着和谐的心灵和精神。

2. 体育的人际传播

体育是一种良好的交际活动，通过参与体育活动，可实现具有相同体育运动爱好的不同人之间的运动交流，如“球友”“棋友”

的出现，均是借助体育运动形式来进行社会人际交流的。这就是体育的人际传播。

在体育活动中，人们会以身体表现为媒介，向对方或同伴传递自身所携带的信息。具体传递的信息是非常丰富的，例如：

(1)训练有素的技能。

(2)姿态优美的动作。

(3)志在赢得比赛的气势和自信。

(4)体育活动背后的民族地区独特的体育文化内涵与民族精神内涵。

(5)体育社会文化发展水平与环境等。

3. 体育的组织传播与大众传播

大众传播媒介具有传播快速、覆盖广的特点，它通过先进的媒体技术彻底改变了传统体育传播的区域性特点，使得全世界都能在第一时间接收到最新的体育资讯，并能“近距离”地参与体育竞赛、体育活动。大众传播媒介大大增加了体育运动的社会覆盖面。

体育的大众传播包括以下传播要素：

(1)传播者。就体育赛事为例，大众传媒利用高科技传播技术和设备，传播体育赛事信息，借助赛事信息传播争取到更多的传播受众(读者、观众或听众)。

(2)传播内容。体育赛事信息非常丰富，所有体育赛事信息构成一个巨大的“信息场”，比赛的过程、结果、花絮等都是人们关注的内容。

(3)受众。大型体育赛事观众广泛，不仅包括赛事现场的观众，也包括通过各种媒体观看、收听赛事信息的观众或听众。观众或听众通过各种途径(持续关注、收听广播、购买门票与赛事周边产品、广告赞助产品等)来了解赛事。

第二节　大型体育赛事文化环境指标研究

一、赛事文化环境内容

广义的文化环境包罗万象，是由社会一切物质因素和精神因素共同组成的；狭义的文化环境则侧重精神方面。

从对体育文化的构成与分类的分析来看，体育文化包括丰富的内涵与层次，受多种因素的影响。因此，将对体育赛事产生影响的所有物质要素、制度要素、精神要素都应考虑在体育赛事的社会文化环境研究之中，要将赛事文化环境放到整个社会体育文化环境中去。

二、大型体育赛事文化环境指标构成

为了更加明确地确定体育赛事的文化影响要素，不同学者从不同角度，如经济管理、社会影响、政府公共体育服务等角度，对体育赛事的构成、影响、发展进行了研究，提出了体育赛事的文化环境要素体系，为正确把握体育赛事的不同文化环境指标对体育赛事的影响提供了必要的方向与指导。

通过对体育赛事的文化环境指标的研究，可以清楚地了解体育赛事与周围文化环境发展的关系，可寻求体育赛事的良好与科学发展路径，并进一步提升人们的生活质量水平、促进区域城市更好地发展。

根据文化学中“文化三层次”理论，将“物质、制度措施和精神”作为一级维度指标，对这些指标再次归类，得出体育赛事文化

环境指标体系，见表 4-1。①

表 4-1　体育赛事文化环境指标

指标维度	主要内容	具体指标	项数
运动员指标	运动员	运动员的技术等级	5
		运动员所参加项目所属项群	
		运动员的性别比例	
		运动员的平均年龄	
		运动员的受教育水平	
裁判员指标	裁判员	裁判员的受教育水平	5
		裁判员的技术等级	
		裁判员的执裁次数	
		裁判员的平均年龄	
		裁判员的性别比例	
观众指标	观众	体育人口占总人口比重	4
		体育赛事上座率	
		区域内体育节目收视率	
		人均体育消费	
行业结构指标	相关行业	竞赛表演业	7
		健身娱乐业	
		赛事培训业	
		赛事旅游业赛事	
		用品制造业	
		赛事媒体业	
		赛事博彩业	

① 项蔓．区域体育赛事社会文化环境指标体系研究[J]．浙江体育科学，2017，39(1)：18-21.

续表

指标维度	主要内容	具体指标	项数
赛事产品指标	产品因素	赛事器材	6
		赛事服装	
		运动食品	
		赛事纪念品	
		赛事广告	
		赛事品牌	
消费指标	消费品	体育杂志订阅率	4
		人均体育消费支出	
		门票售价	
		赛事盈亏	
区域发展与服务指标	区域发展水平与服务质量	体育工作者占社会从业人员的比重	16
		当地政策对从事体育工作者的支持力度	
		空气综合污染指数	
		公共卫生服务经费支出占地方财政支出比重	
		体育广播、电视节目人口覆盖率	
		区域传统体育项目数量	
		每年定期举办的体育赛事数量	
		每年区域传统体育项目举行次数	
		恩格尔系数	
		每万人酒店数、每万人拥有公交车数量、每万人体育场馆数、每千人体育协会数量等	
		文化体育与传媒支出占财政支出比重	
		区域内体育政策法规数量	
相关人员指标	体育赛事服务人员	区域内体育中介组织数量	7
		区域内体育经纪人数量	
		举办大型体育赛事次数	
		体育志愿者数量	
		赞助商数量	
		每千人体育社会指导员数量	
		区域内各类媒体人员数量	

续表

指标维度	主要内容	具体指标	项数
价值观念指标	精神文化	体育比赛中假球、黑哨等事件出现频率	4
		每年球迷骚乱出现次数	
		每年体育比赛中兴奋剂问题出现次数	
		每年体育赛事赞助金额	

表 4-1 中对体育赛事文化环境指标的概括包括物质、制度和精神三个文化层面，这些指标可以从不同的层面客观地反映不同区域体育赛事文化环境状况。体育赛事组织与管理者可结合体育赛事的这些文化环境指标的调查分析，来了解体育赛事举办的可操作性、赛事运作策略与未来发展方向，针对不同性质、规模的体育赛事，具体可结合上述指标进行筛选，重点分析对体育赛事举办和发展影响大的指标。

三、当前我国赛事文化宏观环境分析

体育赛事具有文化价值和功能，是一个国家或地区社会文化发展的重要推动力。同时，又受社会文化环境的影响。

新时期，我国非常重视体育事业的发展，“全民健身计划”已经深入人心。我国体育健身人口不断增多，具有了发展体育的良好社会文化环境与氛围。

随着我国体育政策的推动与贯彻实施，各项体育活动开展广泛，体育赛事的群众基础越来越壮大。就我国国内体育发展现状来看，我国历史悠久、幅员辽阔，民族传统体育丰富多彩，蕴含着丰厚的赛事资源，不同地域各具特色的体育文化为赛事资源的多样性提供了契合点，可容纳各类型体育赛事。①

① 马磊．我国体育赛事资源开发及地域配给发展研究[J]．西安体育学院学报，2018,35(6):702.

第三节　大型体育赛事宣传、形象建设与品牌建立

一、大型体育赛事的宣传方式与方法

(一)大众媒体宣传

大众媒体与体育发展关系密切,媒体要与俱乐部建立密切的互利合作关系,坚持正确的舆论导向,多进行正面报道,促进体育赛事的健康顺利发展。

大众传播媒介对大众价值观具有重要影响和导向作用。因此,一些大众传播媒介,尤其是主流大众传播媒介对体育价值观念的传播会潜移默化地影响受众参与体育的态度和行为。体育赛事推广宣传中,应正确引导和利用这一点。

大型体育赛事组织管理者重视通过大众媒体进行宣传,可充分借鉴体育商业俱乐部对俱乐部联赛运作的成功经验。具体来说,俱乐部与电视台是平等互利的合作关系,电视台出资购买电视转播权,俱乐部则以较高的品牌资产和电视收视率作为回报,许多足球联赛因为电视转播的介入而不断发展壮大,由此可见媒体对赛事发展的重要影响。体育赛事组织与管理者应重视与媒体合作,通过大众媒体宣传赛事。

(二)政府宣传

政府是体育赛事发展的重要后盾,大型体育赛事的举办与发展离不开政府的支持,政府通过政策引导和制度推进可以最广泛地普及体育赛事文化与信息,可实现对体育赛事的良好宣传效果。

（三）社会体育组织宣传

新时期，我国社会群众体育组织网络正逐步形成，如各体育指导站、点、中心等，覆盖广泛。

当前，在我国各省、市、自治区的政府部门、事业单位，以及大型企业中都有专门的体育社团组织，在社会上还有各种自发性的群众性社会体育团体，这些体育组织与团体积极组织本组织成员和社会大众参与各种形式的体育健身活动，在很大程度上促进了国家体育健身事业的发展。

大型体育赛事的举办需要大量的知识、信息普及，同时也需要招募大量的志愿者，我国社会群众体育组织在这方面可以发挥重要的动员作用。

二、大型体育赛事的形象建设与品牌建立策略

（一）树立形象与品牌意识

当前，对体育形象的研究多集中在国家层面，如体育传播与国家形象塑造、体育明星彰显国家形象、体育项目与国家形象等。体育赛事与国家形象具有非常密切的关系，大型体育赛事的主办方通常是政府，因此体育赛事形象更多是国家体育形象的展示，但是也必须认识到体育赛事的形象不仅表现在宏观层面，也表现在微观层面，如体育赛事与城市形象、体育赛事与赞助企业形象等。[①] 因此，体育赛事的所有参与者（包括个人与组织）都必须始终树立形象意识，重视自身行为道德的自律，重视决策与行为规范，始终表现与展示出良好的个人与集体形象。

重视品牌的建立对于提高产品的知名度具有重要意义。建立和打造优秀的体育文化产业的品牌，对体育文化产业的发展具

① 汪升.媒介视域下安徽体育形象及其提升策略[J].体育世界(学术)，2018(9):41.

有重要的推动作用。要想向全世界发展中国体育文化产业，就必须立足国内，放眼世界，加强体育文化品牌经营管理。

随着体育全球化、产业化进程的不断推进，世界各国都提高了建立体育文化品牌的意识。在这样的体育全球化发展背景下，不具有品牌优势，是当前制约我国体育文化产业发展的一个重要因素。由此可见，要促进我国体育文化产业的发展，体育经营管理者就必须建立文化品牌意识。

（二）打造个性化体育赛事产品

21世纪，知识经济对市场经济发展的影响是十分深远的，而且是持续的。

体育赛事作为一种产品，要想在体育市场中赢得更多的消费者，就必须表现出与其他体育产品的不同，这样才能更具吸引力。

新时期，整个社会已经全面进入知识经济时代，体育消费者已不再是被动的接受者，而是主动参与者。体育赛事产品理念化发展是必然趋势。

（三）重视体育赛事相关产业互动

体育与社会诸要素有着十分密切的关系，体育文化的发展与体育赛事品牌的打造必须充分考虑体育相关产业要素之间的关系，要不断促进我国赛事与体育文化的科学化发展，就必须寻找其他产业对体育赛事产业发展的助力。

在体育文化产业发展中，通过不断积累赛事经验，高效利用体育资源，有效促进体育赛事、会议、旅游、会展等产业的相互合作，可有效促进体育赛事的快速发展。

（四）重视体育文化产业人才培养

体育赛事的发展离不开体育人才的发展，体育人才是体育赛事良好形象建设与品牌建立的重要人力资源基础。

当前，我国各类体育经营管理专业人才欠缺，必须进行体育人才教育改革,加强体育人才的培养、使用和管理。

现阶段,体育人才的培养必须适应知识经济时代的信息经济、虚拟经济、网络经济和全球化经济模式的发展要求。

需要特别提出的是,要培养人才,更要为人才的发展创造良好的文化环境。充分调动体育赛事经营与管理人才发挥才能的积极性。

第五章　大型体育赛事的经纪与赞助管理

大型体育赛事的开展需要大量的资源支持，而对于大型体育赛事的主办方来讲，往往在资源投入上需要多方面的支持才能最大限度地实现对整个社会体育资源的合理调度和实现体育资源的合理利用。赛事赞助是新时期体育赛事举办的重要活动组织内容，可为体育赛事的成功举办提供丰富的体育资源支持。同时，大型体育赛事的开展要想取得良好的赛事效益还必须做好体育经纪工作。体育赛事经纪与体育赛事赞助工作的完成对于体育赛事的顺利开展和良好综合效益的取得具有重要影响。本章重点就大型体育赛事的经纪与赞助管理工作进行详细深入解析。

第一节　体育经纪与体育赞助概述

一、体育经纪

（一）体育经纪的概念

体育经纪是对体育活动（包括体育竞赛、体育表演、体育文化活动等）的包装策划、宣传推广、组织与实施等经营活动。

体育经纪的主要目的是通过对体育活动的商业化运行来获得资金支持和实现盈利，通过体育活动创造商业价值。可以简单理解为，体育经纪是对体育活动的一种经营活动。

(二)体育经纪人

1. 体育经纪人的概念

经纪人是从事经济活动的中间人,是经济活动的商品提供者和商品需求者之间的联系人,是牵线搭桥,提供中间经济服务(如信息服务、契约制订)的人。

在这里需要特别指出的是,体育经纪人并非仅指自然人,也包括法人和其他经济组织。对于体育经纪人的解释,因为各个国家和地区的社会制度、经济体制与发展情况等不同,因此解释也不同。

以美国、意大利和我国为例,对体育经纪人的解释具体如下:

意大利学者认为,体育经纪人指代理职业运动员的人,其服务的对象是运动员,旨在通过各种合同签订、薪资与奖金谈判来为运动员提高商业价值。

美国学者对体育经纪人的解释是多样化的。有学者认为,体育经纪人是独立的合同签订者,他们与运动员或体育组织签订委托合同,为运动员或体育组织寻找比赛机会和参加商业活动的机会,并获得佣金。也有学者认为,体育经纪人招募运动员,与运动员形成契约关系,开发运动员的商业价值。

在我国,有学者认为,体育经纪人是从事体育经纪活动的法人和自然人。《体育经纪人管理办法》对体育经纪人的解释是,依法取得合法资格,专门从事体育经纪活动的法人和其他经济组织。

综上所述,随着现代体育经纪发展的成熟,可以将体育经纪人的概念定义为“为体育活动提供中间服务(居间、经纪、代理)并以此获得佣金的自然人、法人、经纪组织”。一名合格的体育经纪人应具备以下几个特征:

(1)以收取佣金为目的。

(2)充当委托人与第三人之间的订约媒介或为委托人提供与

第三人订约的机会。

(3)从事居间、行纪、代理等活动。

(4)保证委托合同实施,其代理内容为体育。

2. 体育经纪人分类

体育经纪活动十分广泛,从事各种体育经纪活动的体育经纪人也各不相同,体育经纪人的具体分类参考表5-1。

表5-1　体育经纪人分类

分类标准	体育经纪人类型	
体育经纪活动方式	代理经纪人	以委托人名义与第三方交易
	居间经纪人	以自己的名义交易,为双方提供信息及条件
	行纪经纪人	受委托人委托,以自己名义与第三方进行交易
体育经纪活动内容	体育赛事经纪人	受赛事组织委托,进行赛事包装活动
	运动员经纪人	受运动员委托,从事转会、参赛、资产开发、事务管理、投资和纠纷解决等活动
	体育组织经纪人	受俱乐部、运动队或体育组织的委托,从事包装和代理活动
体育经纪活动经营主体形式	个体体育经纪人	以个人的名义从事体育经纪活动
	合伙体育经纪人	两人以上合伙,共同出资、合伙经营、共享收益、共担风险
	体育经纪公司	依照我国《公司法》成立的企业法人

(三)运动员经纪活动

运动员体育经纪活动是体育经纪人最初的业务活动内容,它也是现代职业体育经纪非常重要的一个体育经纪活动内容,它是伴随职业体育的兴起而产生的。运动员经纪活动主要包括以下内容:

1. 运动员体育活动代理

随着职业体育的不断发展，运动员在体育领域有了更多的个人商业价值需要挖掘。运动员的个人商业价值与其体育运动水平有一定的关系，但是并不完全呈正相关，运动员的绝大部分时间都用来训练，因此在很多体育竞赛中的参赛机会和具体参赛活动就需要其他人帮忙争取、协调、处理，以便于运动员能有更多的精力与时间去从事体育专业训练。

在 19 世纪末职业体育产生之后，越来越多的运动员有了职业体育经纪需求。在这样的体育发展背景下，20 世纪 20 年代球员经纪人正式产生，20 世纪 70 年代初中期球员体育经纪活动获得了快速的发展，自由转会制度的确立和竞争性联盟更是促进了各职业俱乐部对优秀球员的争夺，优秀球员有了更多选择权和选择机会。为了更好地促进个人职业体育生涯的发展，许多球员都签署了自己的体育经纪人。

运动员的体育经纪活动主要包括以下内容：

(1)代理转会签约事务。

(2)运动员形象的商务开发。

(3)代理运动员与体育组织、企业及其他单位进行交易谈判。

(4)代办运动员财务管理、保险等个人事务。

(5)安排运动员表演和比赛。

(6)其他事务。

结合运动员的体育活动代理相关内容，美国学者 L. P. 马斯特拉莱希思认为，一名合格的运动员经纪人应具备以下基本职能：

(1)个人服务。

(2)法律咨询。

(3)代理运动员与俱乐部签约谈判。

(4)代理运动员商务合同和许可合同的谈判。

(5)制订财政计划。

(6)制订在役和退役期间的工作计划。

(7)市场营销。

(8)处理纠纷。

2. 运动员的个人事务代理

体育运动项目不同,运动员的体育运动活动的参与特点与规律、发展等也不同。对于从事某个体育运动项目的运动员来说,其个人日常事务也需要专人进行负责,如此,运动员才有更多的时间与精力去从事体育运动专项训练。

运动员的个人事务代理人,即运动员的体育经纪人会根据运动员从事运动项目的特点、发展等进行综合考虑,然后选出具有潜力的运动员(新秀),通过体育经纪活动,挖掘运动员的运动潜力和商业价值。

运动员签约体育经纪人或者更换体育经纪人,需要与体育经纪人进行沟通协商,在经纪事务范围与种类、委托价格、报酬方式与比例、合同期限等问题上达成一致意见后签订具有法律效力的经纪合同。

体育经纪人与运动员签订合同之后,体育经纪人应依照合同内容依法履行经纪义务,具体来说,应做好以下体育经纪事务:

(1)为运动员寻找合适的运动队或俱乐部,包括帮助业余运动员成为职业运动员,或帮助职业运动员转会。

(2)维护运动员的合法权益。

(3)爱护运动员的名声,尊重运动员的人格。

(4)重新与运动队、俱乐部谈判。

(5)为运动员寻找赞助、广告机会。

(6)为运动员设计媒体形象。

(7)利用与其他相关明星运动员的交易获取经济收益。

(8)为运动员管理财务、税收及提供各种投资咨询。

(9)安排运动员日常行程、起居、生活服务等事宜。

(10)为运动员提供职业生涯设计及退役后安排的咨询等。

体育经纪人与律师、保镖、私人医生等人员共同构成运动员的形象与利益维护群体，在该群体中，体育经纪人往往发挥着主导作用。

（四）体育赛事经纪活动

体育赛事推广是一个非常重要的体育赛事经纪活动，通过赛事推广，可以提高体育赛事的知名度、美誉度，为体育赛事商业价值的获得奠定良好的基础。这里就重点对体育赛事的代理推广进行详细解析。

体育赛事代理推广是体育经纪人的一个重要经纪活动，包括正式体育比赛和商业性体育比赛两种形式。目前，我国正式体育赛事主要分为两大类，一类是由国家体育总局某个项目管理中心（或部门）组织的全国性比赛，赛事经营权由各项目中心包揽；另一类是由国际单项体育联合会组织的国际性比赛，赛事定期举办，一般由国际单项体育联合会和国家体育总局共同主办。现阶段，我国国内体育赛事代理经纪人多为香港的体育经纪公司，如“精英公司”曾成功举办“世界女排大奖赛”“亚洲杯乒乓球团体赛”；国际管理集团（IMG）曾成功举办“全国足球甲A联赛”“全国男篮甲级联赛”等。

体育经纪人代理一场正式比赛，具体经纪策划与管理过程如下：

1. 第一步：取得赛事代理权

体育经纪人要想取得体育赛事的代理权，就要主动与有关组织接洽并表明赛事承办意向，获得认可后，双方可进一步进行实质性的谈判，尽量详细地明确赛事的经费来源、物质保证、经费支出、转播权、现场广告、比赛组织等，在此基础上，再进一步明确双方的权利与义务、责任与权益，并签订合同。

2. 第二步：赛前策划

体育经纪人召开比赛策划研讨会，研究体育赛事相关事宜。具体明确以下内容：

(1)分析比赛内外条件、分析可能出现的问题。

(2)具体对赛事相关工作进行部署安排,做好资金筹措、场馆(场地)设计。

(3)确定电视转播及其他媒体报道的时间、方式等工作。

(4)结合赛事实际的项目、规模及影响,接洽确定赞助单位。

(5)利用赛事各种资源(媒体报道、场地、器材、服装等)征召客户,扩大财源。

(6)联系参赛者(运动员、运动队、俱乐部),商谈相关参赛事宜,如衣食住行、酬劳与奖金设置等。

(7)召开新闻发布会,公布赛事的日期、地点、参赛者、赛制、奖金等,扩大赛事影响。

3. 第三步:赛事实施

根据赛事实际建立赛事组织,明确领导队伍、划分部门、细分工作。具体应做好以下工作:

(1)做好赛事参与者(运动员、运动队、教练员、官员、工作人员等)接待工作。

(2)做好赛事现场控制工作,保证赛事的正常进行。

(3)根据转播权协议,协调转播的时间和方式。

(4)根据赛事项目规模、性质、赞助商要求,确定门票数量、金额、赠送、销售方式。

(5)根据代理权的协议具体负责标志产品的生产销售,包括利益分配,对各种广告进行协调和监督等。

4. 第四步:赛后处理

体育赛事是一个非常复杂的过程,体育比赛的结束并不意味着赛事的结束,在体育比赛结束之后还有一系列的后续工作需要完成。体育赛事经纪人或组织应做好如下赛后处理工作:

(1)对赛事全过程进行全面评估。

(2)核算赛事的经费收支。

(3)整理各种账目。

(4)将有关赛事各种文件和资料分类归档。

(5)总结经验,并接受审计。

二、体育赞助

(一)体育赞助的概念

赞助,由资助发展而来,体育赞助是赞助的一种形式。

现代体育赞助是一种商业行为。体育赛事赞助涉及面很宽,除了体育赛事本身外,它还在商业、经济、文化、美学、传播等领域进行资源整合。

目前,对于体育赞助的概念界定,主要有以下几种代表性观点:

(1)美国布鲁克斯认为体育赞助是“从一个体育组织买(现金、产品或服务)权利,并借既定的各种活动和形象来与体育符号相连,向目标人群传递信息,促进企业效益的实现”。

(2)美国马克威廉认为体育赞助是“企业为体育组织、运动竞赛及运动员等提供所需要的任何物资,如资金、产品、服装、器材、技术及服务等,并凭借赞助关系促进企业营销”。

(3)施奈特认为体育赞助是“一种商业关系,它存在于资源供给者与体育事件(活动)或组织之间,一方提供资金、资源和服务,另一方提供相应权利或其他可获得商业利益的要素”。

(4)我国有学者认为,体育赞助是“ 企业(赞助者)和体育赛事(被赞助者)之间以投入(资金、实物、技术、服务等)和回报(冠名、广告、专利和促销等权利)的平等、互惠、共赢的商业行为”。

综上所述,可将体育赞助的概念简单总结为,体育赞助是“以体育为题材,以支持和回报为内容,以利益交换为形式,以达成组织目标为目的的商业行为。”

(二)体育赞助的类型

体育赞助有多种类型,具体分类见表 5-2。

表 5-2　体育赞助的类型

分类标准	体育赞助类型
体育运动的性质	体育后备人才培养的赞助
	体育赛事的赞助
	公益性体育活动的赞助
体育赞助的内容	技术、服务赞助
	实物赞助
	现金赞助
体育赞助商数目	联合赞助
	独家赞助
	指定赞助
	冠名赞助
体育赞助对象	体育组织赞助
	赛事举办者赞助
	俱乐部赞助
	运动队赞助
	运动员赞助
	体育场馆赞助
	体育公共事业赞助
体育赞助时间跨度	短期体育赞助
	长期体育赞助

(三)体育赞助的目标

体育赞助是一种围绕体育赛事开展的至少两个行为主体(组织或机构)参与的经济性活动。对于体育赞助的一方来说,即赞助商来说,其围绕体育赛事所提供的资金、实物、场地、信息、技术等支持并非无偿性、公益性的，必然要求一定的赛事相关权利的获得。

现代企业赞助体育赛事都是有一定目的和动机的。各个企业产品及需求不同，动机也不同。

在体育赛事营销管理过程中，不管赞助商的赛事赞助目的与动机是什么，都应该对赞助商进行深入分析，以便做到商业洽谈的有的放矢。

就体育赞助商一方来说，其实施体育赞助的行为目标参考表 5-3。

表 5-3　体育赞助商的体育赞助目标①

目标分类	赞助目标
企业相关目标	增加企业本身及其服务的知名度
	强化企业形象
	转移公众对商品的认知
	深入社区
	建立企业信誉及企业与顾客间的良好关系
	激励员工并增进职员间彼此的关系
品牌相关目标	增加商品在目标市场的知名度
	使产品带上体育赛事的指定标志，展示产品的高品位
	确认/建立商品在目标市场中的形象（定位），增加产品的吸引力
	证明赞助商在该工业领域中的领导地位
	增加销售量，提高市场占有率
	阻止非法的垄断竞争

（四）体育赞助的效益

体育赞助活动是一种经济活动，必然会产生一定的经济效益，除此之外，还会产生一定的政治、文化、环境等效益。企业赞

① 杨晓生，程绍同．体育赞助导论[M]．北京：高等教育出版社，2004.

助体育赛事，旨在实现自我多元效益的最大化，提升企业经济效益是企业赞助行为的直接和最重要的目标。

从企业角度来讲，企业赞助体育赛事，主要有以下几方面的优势：

(1)广告形式多，回报率高。

(2)成本低，效果独特。

(3)在政策上占据一定优势。

(4)能建立产品的忠实消费群。

(5)有利于产品形象的提升。

(6)有利于发展企业文化，制造独特的企业亲和环境。

(7)能增强企业内部职工的自豪感、荣誉感。

企业实施体育赛事赞助行为，其获得的效益是多方面的，具体可参考表 5-4。

表 5-4　企业体育赛事赞助效益

产品能见度与认识的增加	企业形象强化	产品使用销售机会把握	礼仪机会获取
介绍新产品	树立新产品形象	为潜在消费对象提供试用品	发展与主要顾客、经销商与员工的良好关系
建立新的目标市场	强化现有产品形象	通过赠品、折价、奖品等提高销售量	鼓舞企业内部员工士气
香烟产品回避电视禁播政策	改变消费者产品认知	创造现场销售机会	
	中和负面宣传	促进现有产品销售	
	提高产品生产与销售的荣誉感	强化现有产品形象	
	促进员工招募		

(五)体育赞助关系

体育赞助是一种商业行为，在体育赞助行为的实施过程中，体育赞助的各方都追求个人和组织效益的最大化。对于赞助方来说，其旨在实现企业与商品的宣传；对于赛事组织者来说，其旨在扩大赛事影响，节约成本，打造顶级赛事。赞助双方的目标受众均是最终的消费者，旨在为消费者提供良好体育产品、体育赛事体验（图 5-1）。

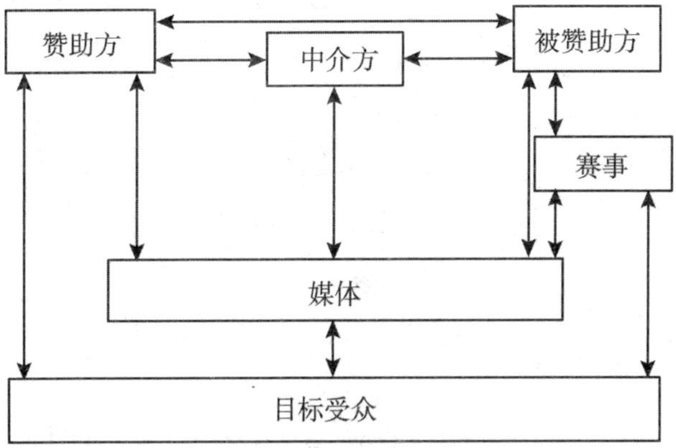

图 5-1

在体育赞助关系系统中，赞助活动各方不仅要考虑自身及合作伙伴的利益，还要考虑目标受众的利益，如此才能实现多方共赢。

也正是因为体育赞助关系系统涉及多方利益关系，而最终的利益关系的矛头都会直接或者间接地指向目标受众，因此体育消费者才是体育赞助商和体育赛事组织者最终关注的对象。明确这一点非常重要。一旦明确这一点就能认识到体育赞助的根本任务就是和目标受众——体育消费者进行沟通，提升产品、赛事在目标受众心目中知名度、美誉度、影响力，使体育赞助方、赛事组织方、媒体方、体育经纪方四方的各自作用与利益追求结合在一起，形成一个利害与共的整体。[①] 在体育赞助利益整体的作用下，体育为消费者提供了一个娱乐平台，使企业的体育赞助活动顺利实施，将企业及其产品的形象与该平台挂钩，最终形成一个

① 赵长杰，蔡俊五．体育赞助的体系[J]．武汉体育学院学报，2001(5)：33-35.

共赢局面(图 5-2)。

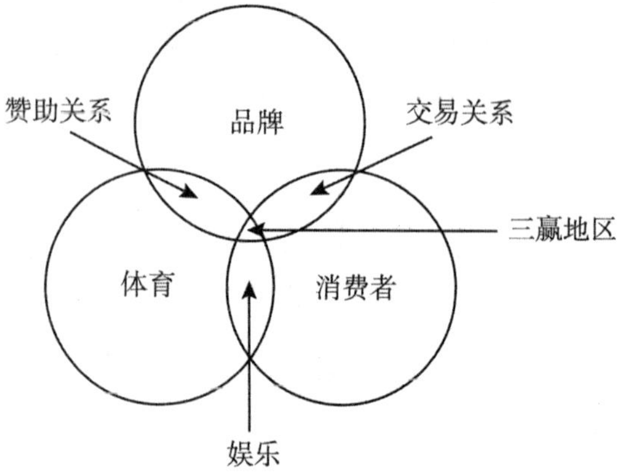

图 5-2

第二节　大型体育赛事的经纪过程与管理

一、大型体育赛事的选择和策划

(一)前期准备

体育赛事的组织与实施是一个非常复杂的过程,涉及多个方面的诸多问题,要成功承办一场体育竞赛,需要科学选择与策划比赛,而在正式的赛事选择与策划之前,赛事组织方应做好充足的准备,以确保各项工作的顺利开展和选择与策划的正确无误。

具体来说,在体育赛事的选择与策划中应做好以下准备工作:

(1)收集工作。根据赛事需要收集赛事相关信息资料,收集媒体和赞助企业的相关信息,并对信息进行整理汇总,建立数据库,以备利用。

（2）对所收集到的信息进行有针对性的研究、分析，为了确保信息的准确性，应进行市场调研。

（3）以赛事实际需要为依据，准确进行市场定位，结合市场进行赛事策划，选择最佳的传播手段，树立形象、扩大赛事影响。

（二）赛事选择

选择体育赛事，应在赛事计划中进行明确，不管选择什么样的赛事，一般要符合以下三个目的：

（1）要促进项目发展。

（2）有助于筹集社会资金。

（3）有助于丰富社会体育文化生活。

（三）赛事策划

依据体育赛事的主要目的对体育赛事进行策划和设计。常见的主要有追求即时获利和追求长远效益两种。

1. 策划设计追求即时获利的体育赛事

策划该类型的赛事，可参照以下两种途径进行：

（1）以赛事的基本特点为主要依据，从计划内赛事中选择项目市场化程度高、传播面广、社会关注度大、参赛选手知名度高的赛事来运行。

（2）以电视台、赞助商的需求为依据，对计划外赛事进行举办。

2. 策划设计追求长远效益的体育赛事

以项目发展态势为依据，选择起步较晚、新兴运动项目（如网球、高尔夫球、冰壶等）进行长期经纪，充分发挥这些项目的低成本、强发展潜力特点。

（四）谈判签约

在经纪人的作用下，赛事各方达成一致的合作意向，在此基础上，准备谈判签约相关事宜。具体流程如下：

（1）赛事经纪人到相关体育管理部门了解申办赛事的条件和有关事项。

（2）就赛事的相关事宜与赛事主办者或其授权的赛事组委会进行协商、谈判，获得赛事的居间、行纪或代理资格。

（3）签订经纪合同。

（五）媒体转播

媒体与赛事之间关系密切，二者之间的关系对赛事成败有重要影响。现代媒体主要有三类，即电视媒体、报刊媒体、网络媒体。不同媒体的特点、服务对象、市场定位等各不相同，针对不同媒体，应有针对性地采取不同方式进行接洽，以实现媒体在赛事宣传、转播方面的最佳效果。

1. 电视媒体

电视转播对体育赛事市场价值的影响是非常大的，因此，一定要重视与电视台的合作。在电视台的选择过程中应注意结合电台特点进行选择。

（1）选择主播台

以我国为例，一般来说，在体育赛事的举办过程中，体育赛事的电视转播通常是由赛事所在地的主要电视台承担，特殊情况下由中央电视台或邻近地方台转播，具体根据赛事情况而定。

在选择主播电视台时，应明确主播电视台的相关工作内容，具体包括电视节目制作、卫星信号发送等。

对于体育赛事经纪人（组织）来讲，必须要充分考虑到主播台对赛事进行转播是需要一些资金支撑的，对此成本投入，经纪人（组织）要做到心中有数。

针对体育赛事的电视转播权，相关电视台可通过两种方式获取，其一是用广告时段置换，其二付费购买。

(2)选择转播台

大型的体育赛事往往会有多个电视台同步进行转播，在体育赛事转播过程中，转播台与主播台的任务是不同的，其主要任务是接收空中节目信号，并在本台电视播放。

对于体育赛事的转播台，最好选择中央电视台、中国教育电视台、地方卫视等可在全国范围内收听收看、覆盖面广的电视台进行转播。

此外，可根据选择转播台的相关体育节目的收视率来选择转播台，收视率是电视台吸引观众的最直观、最形象的数据，也是赞助商、广告商投资节目的重要参考依据。

2. 报刊媒体

报刊媒体是传统传播媒体，虽然在体育竞赛宣传与传播方面不及电视台直观、形象，但报刊的宣传作用在体育经纪活动中也是不可忽略和不可替代的。

体育赛事经纪时，应将经纪活动的内容、目标客户群情况、报刊发行量等来作为选择合作报纸杂志媒体的主要依据。在报刊媒体选择方面，要熟悉报刊的不同宣传方式对体育赛事宣传的影响，以便做到有针对性地选择。具体来说，报刊宣传有以下三种方式：

(1)公益性、免费的新闻报道。

(2)公益性、免费的深度专题报道。

(3)报刊广告。

现阶段，通常情况下为了取得最佳的宣传效果，在体育赛事的经纪过程中，往往会综合使用上述三种宣传方式。

3. 网络媒体

现代社会已经进入信息时代，网络信息技术在现代社会得到了飞速的发展，国际体育界也对此给予了非常高的重视。早在2000年末，国际奥委会专门就针对互联网对世界体育及赛事电视转播产生的影响进行了深入的讨论。2002年美国盐湖城冬季奥运会上，国际奥委会就重用网络媒体，向网络记者发放记者证，赋予其媒体权利，将网络与电视媒体、报刊媒体视为同等重要的媒体。

现阶段，电话网、电视网、互联网“三网合一”技术的实现，为体育赛事的传播与宣传提供了非常全面的经纪形式。

新时期，互联网正在以十分惊人的速度向前发展。互联网信息传播使得体育赛事经纪业开始关注网络平台的赛事转播，体育赛事又多了一个广泛受关注的转播平台。体育赛事的网络传播范围、效果、速度等都值得赛事经纪人高度重视，并做好网络赛事转播经纪，以更好地扩大体育赛事的影响、深度挖掘体育赛事的价值。

二、大型体育赛事的商业包装与开发

对体育赛事进行包装，推广，不断挖掘体育赛事的商业价值是体育经纪人的主要工作内容。为了完成此项工作任务，体育经纪人必须对赛事进行精心的“商业包装”，挖掘体育赛事相关的商机，从而最大限度地实现体育赛事的商业价值。

体育经纪人进行体育赛事经纪，在体育赛事包装与融资方面应做好以下工作：

（一）体育赛事广告

广告，即“广而告之”，是通过媒体向公众传递信息的宣传手段。组织和实施广告活动，目的在于让更多的人了解产品、企业，对产品、服务、企业有良好的印象，并吸引消费群体进行消费，同时吸引潜在消费者。

现代社会，各种信息技术发展迅速，整个社会已经开始进入“自媒体时代”，手机、网络广告随处可见，各种媒体以传递商品或劳务信息为途径，进而影响既定消费者和潜在消费者的消费行为，促进企业销售，使企业获得经济、政治、文化等效益。

体育赛事是影响广泛的复杂的体育活动，大型体育赛事具有广泛的观众，关注度高、影响范围广泛，因此，最能吸引广告商、赞助商在体育赛事期间进行广告宣传。体育经纪人也同样会重视体育赛事的广告经纪活动。

当前社会，每天有各种不同类型的体育赛事开展，有许多不同的企业借助体育赛事进行广告宣传。广告宣传是一门学问，如果做不好可能会产生负面效果。因此，体育赛事经纪人应重视对广告方案的制订，通过有针对性、特点突出、具有积极意义的广告来提高赛事和赞助企业的知名度、美誉度，为进一步实现共赢奠定基础。

据相关研究，至少要在 12 次以上的有效刺激下，广告才能够对消费者的意识产生影响。而要增加广告对消费者的有效刺激，使消费者能关注到广告的内容，应在广告方案制订中充分考虑和明确以下内容。

(1)体育赛事举办的原因。简述体育赛事的热点、焦点、特点等内容，并使企业需求得到满足，重点强调赛事卖点。

(2)举办赛事的基本信息。如赛事的时间、地点，参赛人特点(明星运动员)，赛事开展条件、中介代理费、相关资料等。

(3)赛事广告回报。说明冠名权、组合媒体宣传、场地、服装、广告等问题。

(4)企业赞助赛事活动的优势。可对比普通媒体宣传进行说明。

(5)企业赛事赞助的合法权益的保障。可阐述说明合作各方的合同关系、实施与监督措施等。

(二)体育赛事融资

体育赛事开展对组织与实施需要大量的资金支持，尤其是大型体育赛事，如奥林匹克运动会，没有雄厚的资金支持是无法顺利开展的。

体育赛事的大量资金的需求要求在体育赛事经纪中做好体

育赛事融资工作，体育赛事融资工作的顺利开展离不开对科学合理的融资方案的制订与实施，体育赛事融资方案制订是一项讲究科学性、可行性的工作。具体包括以下内容：

(1)体育赛事活动背景介绍。包括赛事举办的原因、意义，主办、协办、承办机构的基本介绍。

(2)体育赛事运动项目市场分析。包括运动项目目前的发展状况、市场潜力、发展趋势。

(3)体育赛事具体运作方案。包括体育赛事过程中的具体实施步骤。

(4)体育赛事的财务计划。包括体育赛事的资金需求、资金使用计划、预计收入、收入分配计划等。

(5)体育赛事的风险分析。包括体育赛事的市场风险、经营风险、投资风险、政策风险等。

体育赛事的融资效果直接受赛事策划方案实施效果影响，因此，体育赛事经纪人要制订好体育赛事融资计划。

(三)体育赛事产品开发

体育赛事开展过程中，会涉及各种各样的体育用品、服务，这里的体育赛事产品具体是指体育赛事的标志性产品，即体育赛事指定器材、饮料、服装等，以及体育赛事的相关称号、标志和专利等特许权及相关的无形资产。体育赛事的标志性产品的开发权，属于赛事主办者或其授权机构。

体育赛事标志产品市场潜力巨大，经纪人应高度重视，针对体育赛事的标志产品，体育经纪人应进行较为详细、深入的市场分析，在体育经纪过程中重视与赛事主办方就产品开发进行商洽、谈判。

现阶段，体育赛事标志产品的开发已经在世界范围内得到了广泛的关注和重视，我国也不例外。在体育赛事的所有产品开发中，对于体育赛事标志产品的开发是效果最为明显的。

三、大型体育赛事经纪中的客户服务

要做好体育赛事的客户服务，应从以下三个方面入手：

(一)赛事监督

体育赛事过程监督，旨在了解赛事赞助方和被赞助方的需求，使体育经纪人充分保证合同条款的实现。

体育赛事监督工作包括以下内容：

1. 体育赛事是否依计划开展

(1)赛事有没有按照既定时间正常进行。

(2)相关人员有没有按原定计划到来。

(3)接待质量和水平是否令人满意。

(4)电视转播有没有按时进行等。

2. 赛事是否充分体现各方利益

(1)是否合理地安排好企业广告或标志牌。

(2)是否按照赞助商要求确定广告形式、内容、标准。

(3)是否充分发挥了电视机构的摄制、编排、播放效果。

(4)是否合理确定和安排了赛事转播的广告时段。

(5)是否妥善安排好赛事相关人员的出席、就位。

3. 赞助企业的权益是否得到保障

(1)强化赛事广告规则、规定的实施。

(2)使所有图文都能清晰可见。

(3)关于运动员的品牌广告等商业应用的建议和意见。

4. 相关信息和材料的收集与整理

(1)对宣传证明材料进行收集和整理。

(2)调查、指导同期宣传效果。

(二)赛事服务

体育赛事的服务面向多个主体,体育赛事的服务具体包括以下内容:

1. 媒体服务

赛事经纪人在赛事期间应做的媒体服务工作主要包括电视、广播、网络等媒体方面的服务。具体包括以下内容:

(1)与承办单位的广播电视台联络和协调,做好转播准备。

(2)帮助电视台妥善安排转播设备(含屏幕)、转播时间、工作人员。

(3)赛事转播期间提供场地、技术、信息等服务。

2. 新闻宣传

赛事期间应做好新闻宣传工作。具体要求如下:

(1)准备好赛事宣传材料和出版物。

(2)组织好新闻发布会、资料发送、产品展示等活动。

(3)提前制作、张贴海报。

(4)公布张贴友好合作标志,新闻区域标志,衣食住行等相关标识区域。

(5)密切关注新技术在广告业中的应用,如异地发布电视广告等,提高赛事新闻宣传的水平和力度。

(6)计划、组织、实施赛事后的广告发布活动。

3. 现场促销活动

当前,体育赛事的宣传和营销是多元化、多样性的,现场促销活动在赛事进行过程中也经常出现,它是一项非常重要的服务工作。多采用以下形式开展:

(1)赠送企业产品。

(2)开设产品陈列室。

(3)招待企业的贵宾。

(4)设立产品销售摊位。

(5)举行合同签字仪式设立广告牌。

(6)制作热气球广告等。

4. 交通、食宿、门票

体育经纪无小事，良好的交通、食宿、门票服务能体现出对赞助企业的人文关怀和尊重，可以与赞助商建立良好关系，树立良好的经纪形象，为下次合作做好准备。

(三)媒体报道

对于赞助商来说，都希望以最小的成本投入来获取最好的宣传效果，媒体在企业信息宣传中对大众具有重要的导向，体育经纪人关注体育赛事信息，包括赞助企业的信息，在信息收集和整理中，应注意对媒体报道的信息的收集与评价，以为之后与赞助企业合作、与媒体合作提供参考。

具体来说，应重视对以下信息收集与评价：

(1)有哪些媒体形式(电台、电视台、网站、报纸和杂志等)直接或间接地报道了赞助企业。

(2)各媒体形式报道的量，即报道次数的多少、时间的长短及版面的大小等。

(3)计算赞助商采用相同的媒体形式购买相同量的广告时段的资金花费，测算赞助商因赞助活动所获得的企业广告费下降幅度。

(4)分析影响赞助效果的相关因素，做好总结工作。

第三节　大型体育赛事赞助的策划与实施

一、大型体育赛事赞助方案设计

(一)设计赞助方案

1. 确定赞助方案基调

设计体育赛事赞助方案,应先明确体育赛事赞助的基调,对赛事相关活动进行定位,使媒体、企业、大众对赛事有一个总体正确的认知。

体育赛事赞助方案在明确赞助基调的基础上,应在以下两个方面明确、突出赞助设计方案的基调与格调。

(1)形式上,通过风格、色彩及排版得以体现。

(2)内容上,从策划方案的语言和逻辑中体现。

2. 设计策划方案应有亮点

体育赛事赞助方案的设计应同作文创作一样,有铺垫、有重点、有亮点、有吸引力,如此才能吸引企业的赞助意向。

制作与设计体育赛事商业赞助策划方案会涉及很多方面的知识,如经济、体育、传播、文化、心理、美学等,这就要求设计者不断丰富知识,开阔视野,积累经验,总结技巧,不断提高设计能力,以设计出内容丰富、重点与亮点突出的赞助方案,吸引赞助商的投资积极性。

(二)编写赞助策划书

1. 体育赞助策划书的要素

一般来说,一个完整的赞助策划书应包含以下几个要素:
(1)具有吸引力的策划书名称。
(2)策划纲要。
(3)策划摘要。
(4)组织专业知识与能力。
(5)赞助方案目标。
(6)赞助方案的活动内容。
(7)评估。
(8)赞助方案的执行者与管理者。
(9)合理预算。

2. 体育赞助策划书的架构

在设计体育赞助策划书前,应合理构思体育赞助策划书的架构,明确以下内容:

(1)赞助描述。如赛事主办方概况,媒体报道情况,赞助案例,赞助商机。

(2)计划目标。分条目列出企业可实现的赞助目标。

(3)计划内容。包括赞助宣传、推广方式等。

(4)预算。说明经费的具体使用,评估收益。

3. 体育赞助策划书(方案)设计要求

体育赞助策划书是赞助商与体育经纪人深入接触的一个重要文件,直接关系到赞助商对体育经纪人的第一印象,这非常重要。一份合格的体育赞助策划书应达到以下基本要求:

(1)封面美观简洁。
(2)单页主题说明的呈现原则。
(3)以重点摘要方式呈现。
(4)活动主题商机化。
(5)内容文字简洁化。
(6)赞助资格多样化。
(7)联络资料的提供。
(8)计算机媒体促销技巧。
(9)明确列出赞助截止日期。

4. 体育赞助策划书的内容

(1)赞助机会及赞助理由介绍。
(2)活动宗旨、背景说明。
(3)产品促销机会。
(4)与品牌形象相符的理由。
(5)广告与宣传机会。
(6)服务顾客的可能性。
(7)礼仪条件与产品的排他性说明。
(8)广告标志展示。
(9)其他赞助者名单的提供。

5. 体育赞助策划书的评估

现阶段,体育经纪界对体育赞助策划书的评估方法主要有两种。

第一种评估方法是“前置评估”,将评估的标准按照重要程度先后列出(表 5-5),列出 1～5 分的赞同程度(1 为不同意,5 为非常同意),再根据加权分数(加权总分为 100 分)来计算,赞同程度的分数×加权分数=各要素个别得分。

表 5-5　赞助评估模式①

标准	赞同程度					加权积分	分数
	1分	2分	3分	4分	5分		
获利机会						×15	
与本身行销活动间的整合能力						×15	
赞助开支						×13	
向目标消费者的曝光机会						×13	
公司形象强化						×10	
竞争优势的获取						×10	
对员工的冲击与影响						×10	
礼仪款待及娱乐机会多获取						×6	
对公司品牌权益的增加						×4	
对社区投入、市场分别吻合						×4	
合计							

注:"1"代表不同意,"5"代表非常同意

第二种评估方法为"后审法",用于总分相近,无法取舍时的赞助评估。评估时先考虑赞助活动成功的可能性,然后再选定最佳赞助方案。

二、大型体育赛事赞助谈判准备

(一)物力准备

1. 谈判地点选择

一般来说,体育赛事赞助谈判的地点通常是己方、对方或第三方,不管是哪一方,地点选择都应充分考虑交通方便、环境优

① 杨晓生,程绍同. 体育赞助导论[M]. 北京:高等教育出版社,2004.

美、安静安全等要求。

2. 谈判会场布置

根据赛事经纪谈判的时间长短、赛事规模、赛事规格可酌情对赛事经纪谈判的会场进行布置。简单来说，布置会场主要就是安排座次和环境。

会场布置工作中，座次安排是非常重要的一个部分。在安排座次时，应充分考虑不同会谈室的谈判桌与人员分布关系，一般而言，长形或方形桌，谈判双方分列两边面对面入座，主谈者在中间位置，其他人分列主谈者两侧；圆形谈判桌，主谈者面对而坐，两侧为其他谈判人员。

会场环境要好，应确保光线、温度适宜，气氛良好，装饰大方。

（二）人员配备

1. 谈判人员数量的配备

一般的，应以谈判的地点、内容、赛事特征、人员素质、对方情况等确定谈判人数。

（1）如谈判地点在对方时，可适当增加谈判人数；反之可安排少量人员谈判。

（2）如对方谈判人员数量较多时，要安排相当数量的谈判人员。

（3）如谈判人员素质高，经验丰富，可安排少量谈判人员。

（4）如赛事谈判规模、规格大，应适当增加谈判人数。

2. 谈判人员专业的配备

体育赛事赞助谈判人员配备要求如下：

（1）至少配备三类人员：体育赛事的负责人、了解竞赛组织的人员、有丰富赞助实操经验的人员。

（2）如涉及具体合同条款谈判时，应配备专业律师。

(3)如与外资企业进行谈判，应该配备翻译人员。

(4)谈判人员配备应考虑组成结构，充分考虑业务专长、年龄结构、性别结构、性格等因素。

3. 谈判人员的分工

首先，全体人员对谈判的主题、内容和策略尽快了解，统一口径、步调及意见。

其次，配备人员分配要考虑相关人员的业务专长，明确“主谈者”“调和者”“协从者”“记录者”等角色，在谈判过程中可根据实际情况调换角色。

三、大型体育赛事赞助谈判过程

(一)赞助谈判

在商业谈判中，掌握谈判的主动权非常重要，谈判的主动权受到多种因素(时间、地点、人员、内容等)的影响，谈判组织应综合、全面考虑。

(1)保证合理系统地安排议程，以使目标对象容易理解和接受。

(2)尽量确保议程的安排中赛事运作管理机构处于有利位置。

(3)对对方的实际情况有一个直观的了解，同时表达诚意，获取对方信任。

(4)若由对方拟定谈判议程，要全面考虑议程的利弊因素，对对方公平合理的安排表示尊重，如果对方安排不合理，应明确提出意见，并有针对性地进行修改。

(5)妥善安排谈判时间，考虑在计划时间内是否可以将谈判程序完成。

(6)考虑各种不可确定因素，机动应变。

(二)赞助协商与调整

体育赛事商业赞助谈判是一个开放性的过程,这一过程中可能会发生各种问题,从而影响谈判的过程和结果,因此,谈判协商并非是一帆风顺的,应结合实际情况及时进行调整。

体育赛事谈判过程中,谈判的主要内容往往就是体育赛事的赞助价格与赞助权益问题。为了避免一方过度压底价格或者过度抬高价格,应认真分析赛事优势与不足,做到在谈判桌上心中有数,并权衡利弊、据理力争。

在竞赛赞助谈判中,要注意把握价格调整的时机和分寸,提供合理且充足的理由,同时避免频繁调价。

四、赞助活动的执行

体育赛事赞助谈判达成一致后,各方签订赞助协议,然后体育赛事的各方应根据既定的赞助计划和协议开展具体工作。

执行赞助活动时,要注意赞助协议上相关权利和义务的行使与履行,以达到预期的赞助宣传效果,为日后长期合作奠定基础。

赞助活动结束后,应注意工作的总结,并形成书面报告,进行存档。

第四节　大型体育赛事赞助的管理与效益评估

一、大型体育赛事赞助的管理

(一)主办单位的赞助管理

现阶段,一般将体育赞助管理的程序划分为四个阶段,主办单位应认真对待体育赛事的赞助管理,在各阶段都应认真落实各项工作，并注意各部门间的工作协调。

1. 总体策划阶段

依据一定的条件和因素进行总体策划，策划应注意整体性、宏观性、前瞻性、战略性、长期性与指导性。注意明确赞助目标，发挥管理功能，做好自我检查。

2. 个案营销阶段

该阶段的管理计划规划主要有以下三种方式，可结合实际工作需要科学选用。

(1)委托中介机构和媒体策划执行。

(2)企业本身营销计划主动寻找体育部门合作方式。

(3)体育部门自行制订体育赞助营销计划，对外招商。

3. 个案组织和实施阶段

该阶段，竞赛主办单位与企业的合作才刚开始，只有做好赞助计划的组织和实施工作，才能避免分歧，实现“双赢”。该阶段的工作实施程序如下：

(1)成立领导小组及下设部门。

(2)确立赞助管理计划的实施内容。

(3)要确立各部门间的协调合作，落实计划内容。

4. 个案监督与评估阶段

(1)严密监督赞助计划的整个执行过程，保证完成赞助计划目标。

(2)注意收集相关的资料并保存。

(3)做好赞助活动结束后的评价工作。

(二)企业客体的赞助管理

体育活动的开展受多种因素影响，大型体育赛事的开展更是存在很多不确定因素，再加上赞助本身是一种风险投资，因此，体育赞助是一个需要做好充分准备和进行科学管理的庞大的任务工程。成功的体育赞助离不开系统的管理及操作模式的构建。具体应做好以下工作。

1. 体育赞助计划选择

从提供赞助企业组织的角度考虑，赞助方是否会接受赛事主办方的赞助计划，会考虑与自身利益相关的各种要素。具体有如下几种，对此在体育赞助计划选择中应综合对比分析，慎重决策。

(1)赞助的方式与手段。

(2)赞助的延伸。

(3)媒体报道。

(4)赛事与活动、产品的关联性。

(5)赛事的焦点。

(6)赛事文娱活动与礼仪接待。

(7)人口统计学上的契合性。

(8)权利给予的情况或条件。

(9)符合人的心理活动规律。

(10)地理影响。

2. 体育赞助发展模式

在体育赛事赞助过程中，为更好地确保和推动赞助活动的顺利进行，应明确以下赞助管理计划内容和管理步骤。

(1)赞助情景分析。

(2)赞助目标确定。

(3)赞助策略及发展。

(4)赞助关联性的建立。

(5)赞助联结的类型。

(6)赞助实施。

(7)赞助评估。

二、大型体育赛事赞助的效益评估

(一)赛事赞助效益评估的概念

体育赛事赞助效益评价,是为体育赛事赞助者提供的一种数据和效益分析,其结果直接为体育赛事赞助者提供参考,为之后的赞助实施提供参考。体育赛事赞助效益评价是一种具有综合性的宏观体育赛事评估。

(二)赛事赞助效益评估的价值

体育赛事赞助效益评估过程中,利益方主要有两个,即赞助方和被赞助方,赞助者和被赞助者是一对共生共存的矛盾,各方所关注的效益不同(表 5-6)。

表 5-6　体育赛事赞助效益评估价值分析

需求方	评估价值
赞助方	检测赞助商的投资是否有效,近期和远期效果如何
	评估报告可作为赞助商未来投资决策的依据
	检测赞助合同执行情况,以评定合同另一方的工作效率
	有效维护赞助商的权利和利益
被赞助方	寻求赞助商支持的有效参考,容易得到赞助商的青睐
	提高赛事组织管理者形象,传达服务的专业化、全方位性
	检测工作质量和工作效率,进一步提高专业化服务水平
	有助于和赞助商之间形成良好、稳定、长期的合作关系
	有助于体育赞助计划的营销和销售

（三）赛事赞助效益评估的内容

1. 赞助成本评估

从赞助商的角度来看，赞助商投资体育赛事，希望通过小成本获得大收益，如果“血本无归”，则任何企业和组织都不会考虑赞助体育赛事了。

从当前国内外许多大型体育赛事赞助活动的案例来看，有些赞助活动缺乏连续性，赞助资源（资金、物力、人力、技术、信息等）投入的“入不敷出”，不能达到预期效益，是赞助商终止赞助合作的重要原因。

随着世界各国和地区经济的稳步发展，以及体育全球化的发展，世界范围内的体育赛事越来越多，赛事规模越来越大，赛事赞助所需要的资金数额也不断增多，即便是大型的跨国公司也难免会对巨额的赛事赞助费用望而却步。因此，针对赞助企业面临的赛事赞助负担问题，体育赛事经营管理者开始在赛事赞助营销方面积极做文章，不断突破创新，以便使体育赛事赞助商能通过灵活、多元的赞助来减少赞助投入，并获得更好的赛事赞助效益。

当前体育赛事赞助，基于赞助商对赛事赞助的实际投入与产出效益比例评估，赛事赞助组合方式的优化和创新促进了联合赞助、分期赞助等新赞助形式的出现。

2. 赞助收益评估

赞助商赞助体育赛事，会非常关注自己的赞助收益，赞助“物有所值”可实现赞助商对体育赛事的持续赞助。

以体育盛会奥运会为例，奥运会各赞助商之间的竞争是十分激烈的，这是因为奥运会的影响范围广、关注度强，不同国度、不同语言、不同肤色的观众都会被它吸引。因此，众多企业都想借助奥运会提升广告效益和企业知名度，将自己的品牌推向世界舞台。

当今大型体育赛事的赞助竞争，主要集中在世界体育用品大公司之间，它们正是看中了体育赛事的良好赞助收益。而赛事赞助效益评估正是给赞助商提供了一个可见的效益参考，通过体育赛事赞助效益评估，能为赞助方是否决定对赛事进行赞助支持提供有力的资料和数据参考。

（四）赛事赞助效益评估的程序

1. 设立赞助目标

设立赞助目标是进行体育赞助的基础，如果没有目标，则评估会盲目、无效。

赛事评估者明确赞助目标非常重要，明确赛事目标是进行赛事赞助评估决策的基础。

赛事赞助商明确赛事赞助目标可做到赞助的有的放矢，并能做到对赞助成本的合理控制。要确立体育赛事的赞助目标，需要做好前期调研、评估工作，具体如下：

（1）赞助前应充分了解赛事受众、影响力、知名度、运营经验等，并根据数据分析结果来决定具体的赞助行为和方式，明确赞助定位。

（2）了解赞助商赞助赛事的目标。

（3）赞助商应跟踪受众对赞助商品牌的认知和态度的变化。

（4）体育赛事结束后，比较赞助效果与初始目标，对比分析、找出差异。

2. 建立评估计划

合理制订评估计划对评估过程的顺利开展、评估结果的真实性反映具有重要的意义。

对于评估者来说，必须结合赞助目标制定评估目标，并充分考虑赞助企业营销活动的周期性，确定评估目标、评估项目、评估时间范围、评估对象次序及评估重点。

3. 制订评估方案

制订评估方案是体育赛事赞助效益评估的重要工作内容。科学的评估方案制订能为实际的体育赛事赞助效益评估提供实践操作指导，并能在评估过程中实现不同体育资源的合理调配，控制成本，提高工作效率。

4. 实施评估方案

(1)评估环境变化，尤其是环境变化的影响。

(2)评估方案实施调整，与预期的工作进展进行实时比对，并及时调整。

(3)评估实施效果。评估过程中，评估人员对临时出现的问题提出解决方案并及时处理，围绕评估目的及时调整评估工作。

5. 总结评价

赞助结束后，对赞助效果进行评估总结，形成评估报告。完整的赛事评估总结评价报告应包括以下内容：

(1)前言：对评估研究对象、范围、人员参与等情况进行一个概括性描述。

(2)报告主题：评估时间、地点、内容、过程、方法、手段、指标等。

(3)经验总结和问题分析。

(4)解决措施和发展建议等。

(5)附件。

(五)赛事赞助效益评估的指标与方法

1. 心理效益评估

体育赛事赞助的心理效益评估主要有五个指标，具体见表 5-7。

表 5-7　体育赛事赞助心理效益评估的指标

评估指标	指标内容	评估参考
曝光度	赞助者及其产品的现场采访量，在体育赛事举办期间在各种媒体中的曝光力度和频度	曝光度越高，赞助商的满意度越高，反之，曝光度低
到达率	各种媒体（报刊、广播、电视、网络等）的受众数量，主要体现在体育赛事举办期间，现场观众人数和媒体的受众率两个方面	受众数量越多，赞助效果越好
感知度	感知度又称“注意率”，是反映受众初步印象的指标	感知度越高，赞助效果越好
记忆度	经过一系列反复性的信息的不断曝光，赞助方及其产品与服务在目标受众中的印象	受众注意到并记住赞助商的产品信息，才有可能购买赞助商的产品，记忆度越高，赞助效果越好
形象评估	形象评估是目标受众对企业或产品的总看法和态度。包括知名度、美誉度、顾客忠诚度三个细分指标	形象评估越高则赞助效果越好

体育赛事赞助心理效益评估的方法主要包括以下几种：

第一种方法：基于曝光率的评估方法，这是赞助企业经常采用的方法。其操作过程如下：

(1)统计受众人数。

(2)监测媒体报道次数、篇幅、时长。

第二种方法：基于到达率的评估方法。对赛事的受众到座率、有效观众收听时间等进行评估，评估数据来自于赛事传播媒体的各种播放、收听数据。具体如下：

(1)报刊媒体，销售数量、发行量。

(2)电视媒体，收视率。

(3)网络媒体，赛事官方及相关网站与信息的点击率。

(4)广播媒体,收听率。

(5)户外媒体的信息到达率,通过该地段的平均人流量对其影响力作出判断。

第三种方法:基于感知度的评估方法。包括调查法和实验室调查法两种具体方法。

第四种方法:基于回忆度的评估方法。该方法可细分为两种评估法,即再确认法和回想法,前者是对赞助商在体育赛事期间所展现的信息进行二次确认,了解受访者是否留意过目标信息;后者是对赞助商在体育赛事期间所展现的信息不明确提出,间接了解受众对赞助方信息的记忆、感知度。

第五种方法:基于受众态度的评估方法,可细分为美誉度测定法和形象测定法两种评估法。

2. 经济效益评估

以销售量增加比率——赞助产品销售量变化为评估指标。由于赛事赞助效果需要一段时间才能显现,因此,产品销售应关注长期销售变化。同时由于消费者受社会经济、文化、科技等各种因素影响才最终产生消费结果,再加上一些特殊社会大事件影响下的特殊类产品的销售量不可测定和可变性较大,因此赞助产品的销售量变化测量就具有了相当大的难度。尽管如此,但并非完全不可测,通常采用以下两种方法测定。

(1)销售量增加比率

销售量增加比率=(赞助后平均销售量-赞助前平均销售量)/赞助费×100%。

(2)赞助费比率

赞助费比率=赞助费用/赞助后销售量×100%。

和心理效果的评估方法相比,体育赞助经济效果的评估方法无法单独测定,在体育赛事赞助效益评估中居次要地位。

体育赛事赞助效益的评估是一个复杂的系统工程,评估应科学、严谨、客观、全面。

第六章 大型体育赛事的科学组织与管理

大型体育赛事的组织与管理是一个庞大且复杂的系统工程，体育赛事的每一个工作环节的科学开展都关系到整个体育赛事活动的成功进行。因此，在大型体育赛事的举办过程中，赛事组织与管理者应统筹大局，同时注重细节，做好体育赛事的整体规划设计与细节管理，并在体育赛事活动的开展过程中认真履行管理义务，科学合理制定管理程序，严格按照赛事管理顺序逐一、有序开展各项工作，并实现不同管理部门之间信息互通与彼此之间的良好配合与协调，以确保体育赛事的每一个环节的赛事工作都顺利开展，同时还要做好各赛事环节的工作之间的衔接，如此才能促进体育赛事的成功举办。

第一节 大型体育赛事的总体规划与设计

一、大型体育赛事系统构成

体育赛事的举办是一个多部门协调统一完成的过程。大型体育赛事的举办需要建立一个系统的组织管理机构，在该管理机构下各部门与机构相互配合，完成各项赛事活动，促进体育赛事的顺利开展。

大型体育赛事举办过程中，任何一个赛事内容、活动的缺少和不能顺利完成，都无法构成完整的体育竞赛活动。对于体育运动竞赛组织者来说，了解体育运动竞赛的构成对于促进其工作开展具有重要的指导作用。

无论何种体育运动竞赛，其赛事系统都包括五个子系统（图 6-1）。

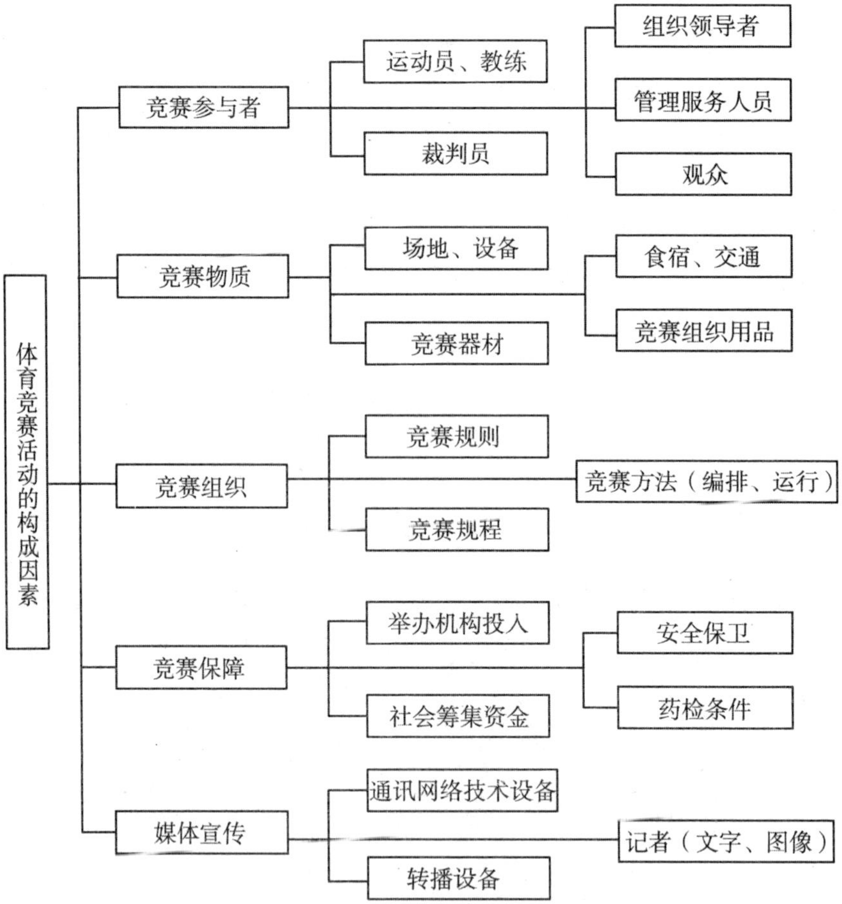

图 6-1

二、大型体育赛事系统构成要素

大型体育赛事系统包括竞赛参与者、竞赛物质、竞赛组织、竞赛保障和媒体宣传等五个子系统，这五个子系统构成了整个赛事系统的重要结构要素。具体分析如下：

（一）竞赛参与者

一个系统完整的体育运动竞赛中，最为核心的就是参赛者。

一般来说，大型体育赛事的竞赛参与者人数多、种类多，参与竞赛活动的人群通常包括参赛运动员、教练员、裁判员、组织领导者、服务管理者和观众等。

不同的体育赛事参与者的目的不同、参与程度和方式也不同，但是可以明确的是，赛事的竞赛参与者的数量越多、种类越丰富、阵容越完整，比赛就越完善、竞赛越精彩。

（二）竞赛物质条件

体育竞赛的开展离不开一定的物质条件的支持，竞赛物质条件的优劣对于创造运动成绩的好坏是非常重要的。竞赛的物质条件有竞赛的场地，必需的设备、器材，以及供参赛者的食宿和交通等。

通常情况下，规模越大、级别越高的大型、综合性体育赛事对竞赛物质条件的要求就越高，水平越高的参赛者对竞赛物质条件的要求越高。

（三）竞赛组织

体育竞赛，尤其是大型体育竞赛的成功举办，与组委会成功把握相关要素和系统地筹划是分不开的。赛事组织者应把握赛事横向活动的开展，也要充分地协调纵向层次构成要素。

竞赛的组织委员会是竞赛管理的核心，其管理内容主要包括以下几方面：

(1)制订和管理竞赛规则。

(2)制订竞赛规程和组织编排。

(3)保证竞赛的合理、有序运行。

(4)认定竞赛参与者资格。

(5)审定竞赛成绩的纠纷和纪录。

(6)组织和安排新闻发布会等。

一般的，越是大型或重大的体育竞赛，其系统要素就越复杂，在体育赛事的开展过程中，需要做的竞赛工作和相关工作就越多。

(四)竞赛保障

竞赛保障是体育赛事顺利开展的重要基础，能为赛事活动的顺利开展“保驾护航”。具体来说，无论何种赛事，竞赛保障都要重点做好以下工作：

(1)必要的资金投入。

(2)安全保卫工作。

(3)药检工作。

现阶段，随着我国社会主义市场经济的深入发展，以及国家对体育事业和体育产业发展的重视，我国具备了体育赛事良好的市场环境。在良好的体育赛事市场环境下，各种类型与规模的体育赛事举办需要更多的赛事资源投入，以获得更好的规模效益，良好的竞赛人力、物力、财力保障能确保大型体育赛事的顺利举办。

(五)媒体宣传

媒体宣传的力量是不可估量的，体育媒体与体育赛事之间具有非常密切的联系，体育赛事的宣传离不开体育媒体和大众媒体的宣传推广。

以 2008 年北京奥运会的媒体宣传为例。2008 年北京奥运会赛事举办期间，中央电视台一频道仅保留三档新闻节目，其余时间全部用于报道奥运会；央视二套 24 小时转播赛况；央视五套转播中国运动员比赛；央视七套重播奥运赛事。2008 年北京奥运会举办期间，我国主流媒体对奥运赛事信息的传播是非常积极和全面的，最广泛地实现了体育赛事的宣传与推广。

媒体宣传的作用具体表现如下：

(1)保证每个运动员(队)的国家和地区的观众及时了解比赛的战况。

(2)宣传运动员不屈不挠、顽强拼搏的精神和公平、公正的竞赛精神。

(3)扩大体育受众，普及体育运动与体育赛事。

(4)客观上促进组委会通过市场筹集资金。

(5)极大地丰富了体育爱好者的文化生活，在社会文明建设中推广普及了体育精神、促进了社会大众规则意识的建立，促进社会精神文明建设。

三、大型体育赛事比赛项目确定

(一)体育竞赛项目分类

对体育竞技运动项目进行分类可根据不同的分类标准进行不同的分类。具体分类如下：

1. 依据运动成绩的评定方法分类

依据体育赛事中对运动员的运动成绩评定的方法，可将体育竞技运动项目分为测量类、评分类、命中类、制胜类和得分类五种类型(图 6-2)。

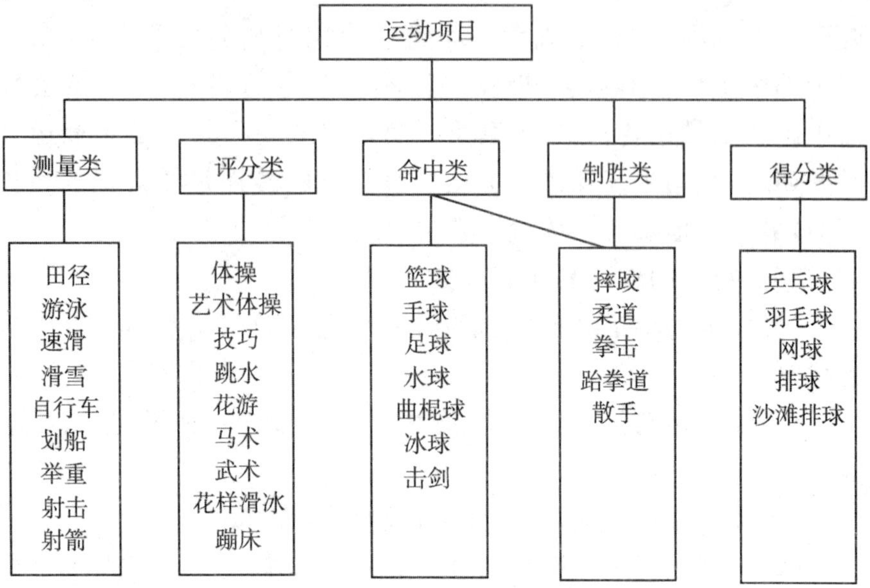

图 6-2

参考图 6-2,对体育竞赛的项目分类标准解析如表 6-1 所示。

表 6-1　体育竞赛项目分类标准与对应项目解析

类别	分类标准	分类项目
测量类	以运动员在比赛中所表现出来的竞技水平的高低可以客观准确地予以测量。测量指标包括速度指标(时间)、距离指标(远度与高度)、重量指标与环数指标	田径、游泳、滑冰、滑雪等
评分类	由裁判员根据比赛规则确定的标准和方法对运动员在比赛中的成绩给予评分,按分数的高低排列其名次	水上、陆上、冰上、雪上、床上(如蹦床)等场地进行比赛的技能类项目,武术套路比赛
命中类	计算命中对方防守的特定目标区域的次数,命中数多者获胜	球类项目,击剑、拳击项目

续表

类别	分类标准	分类项目
制胜类	一般情况下，与命中类项目一样，比赛中命中对手设防的特定区域即可得分，最后按得分多少决定胜负。比赛中出现将对手打倒在地定时不起或柔道中的一本胜利时，则可判为绝对胜利，无须再比较	两两身体对抗类项目
得分类	隔网对抗项目，依比赛中得分的多少判定胜负	乒乓球、羽毛球、网球、排球等

2. 根据竞赛结果的比较方式分类

根据体育竞赛结果具体比较方式的不同，可将体育竞赛项目分为竞争类和对抗类比赛两种，其中，竞争类项目、对抗类项目又可进行进一步细分（表 6-2）。

表 6-2　结合体育竞赛结果的竞赛项目分类

类别	参数	项目
竞争类	时间	以少取胜：径赛、游泳、自行车、滑雪、速度滑冰、划船 以多取胜：航空模型
	距离	以大取胜：田赛项目、高台滑雪等 以小取胜：射击、射箭、定点跳伞等
	重量	以重取胜：举重、力量举等 以轻取胜：（暂无此类项目）
	分数	以大取胜：体操、跳水、花样游泳、武术、花样滑冰等 以小取胜：健美、障碍赛马等
对抗类	个体	同场对抗：击剑、拳击、摔跤、跆拳道、散手等 隔网对抗：网球单打、乒乓球单打、羽毛球单打等
	偶体	同场对抗：地掷球双打、牌类的对抗赛等 隔网对抗：网球、乒乓球、羽毛球的双打，沙滩排球等

续表

类别	参数	项目
对抗类	集体	同场对抗：篮球、足球、冰球、水球、曲棍球等 隔网对抗：排球、藤球、毽球等
	团体	同场对抗：击剑团体赛、棋类团体赛等 隔网对抗：乒乓球团体赛、羽毛球团体赛、网球团体赛等

3. 根据竞赛方法分类

体育竞赛项目众多，可分为不同的大类和小项，不同的体育比赛项目虽各有自己的特征，但它们之间却有着共同的特点，根据它们的共同特点可将这些体育项目进行分类。具体可分为直接对抗性项目、对比性竞赛项目、纪录性竞赛项目、综合性竞赛项目共四大类(表 6-3)。

表 6-3　结合体育竞赛方法的运动竞赛项目的分类

类别	项目
直接对抗性项目	篮球、足球、排球、手球、曲棍球、网球、羽毛球、乒乓球等各类球类项目；拳击、摔跤、击剑、柔道等重竞技个人项目
对比性竞赛项目	体操、艺术体操、跳水、花样游泳、花样滑冰等
纪录性竞赛项目	田径、游泳、举重、射击、射箭、划船、赛艇等
综合性竞赛项目	全能类项目，如现代五项，其中游泳、射击、越野跑为纪录性项目，击剑为对抗性项目，马术为对比性项目

(二)体育赛事项目选定原则

1. 利益性原则

利益性原则是体育赛事项目选定的最基本原则。体育赛事的正常举办离不开各利益方的积极参与和对体育赛事的支持，这种支持并非是全部无偿的，它们希望通过赛事的开展获取一定的收益,否则就不会支持赛事了。

体育赛事选择体育赛事项目,应重点考量该项赛事能否为主办方带来利益。

2. 可行性原则

确定体育竞赛项目,应充分考虑比赛项目是否具有可行性。可行性原则是选择和策划体育赛事项目的重要前提条件。一定的物质条件与财务条件能为体育赛事的顺利进行奠定稳固的基础。可行性研究是决定是否举办一项体育赛事前必须实施的一项工作。

体育赛事项目选定的利益性原则要求如下:

(1)选择和策划体育赛事项目时,充分考虑并确保赛事基础设施建设的基础保障性。

(2)对与举办赛事有关的经济、社会以及自然等多方面的条件进行调查和研究,预测和评价体育赛事的效益,对赛事举办的必要性、经济合理性、技术可行性进行综合性论证。

(3)对体育赛事项目的物质性条件进行深入分析,如上海不适宜举办滑雪和山地自行车等体育赛事。

(4)对体育赛事项目的经济性条件进行可行性分析,确定具体的体育赛事项目的举办具有足够的资金基础和顺畅的资金流。

(5)政治方面、社会文化方面以及法律方面对体育赛事项目进行可行性分析。

(6)从宏观层面和微观运营层面对体育赛事项目进行可行性分析。

3. 信息性原则

信息性原则是选择与策划体育赛事项目基础性和关键性原则。这是因为,在现代体育经济环境条件下,信息是市场经济的一个重要影响因素,任何体育赛事的选择与策划都要在信息完整的基础上才能进行。

任何体育赛事的举办都需要各方协调，协调的基础是信息的及时共享和沟通，如果不能实现信息的有效处理，就可能在工作中产生误会而影响工作的配合与协调。体育赛事项目的最终确定，是在大量体育赛事信息收集分析的基础上的结果，只有对赛事信息进行有效收集、剖析、利用，才能做出正确的赛事决策，包括赛事项目选择和策划。

体育赛事项目选定的信息性原则要求如下：

（1）信息应真实可靠。在信息收集过程中，要有意识、有能力筛选出假信息，避免错误信息参考下的错误决策。

（2）信息应全面立体。全面，是指体育赛事各方、各地区、以往赛事等的信息都应收取。立体，是指体育赛事相关部门、部门之间的信息互通。

（3）信息加工要准确及时，信息是进行市场行为决策的重要参考依据，而市场是不断变化的，市场信息也处在不断地变化之中，把握市场信息，可令体育项目选择更符合当下的体育赛事市场的需求，更能引起关注。

（三）体育赛事项目确定因素

1. 自然环境因素

体育赛事在某一个城市、地区、国家的举办，必然会受到当地的自然环境的影响，举办地的自然环境是影响体育赛事运营的最基本的因素。

简单举例来说，一些体育赛事项目的举办地的自然环境有特殊要求，如帆船、滑雪以及山地自行车项目，主办方在选择该项体育赛事时需要对环境条件进行充分考虑，具有应考虑以下两个方面的内容。

（1）考虑举办地的自然环境。

（2）考虑特殊项目比赛的自然环境要求。

2. 历史文化因素

城市是人类文明发展到一定程度基础上而形成的文化聚集，不同城市，文化特点不同。

在大型体育赛事的申办过程中，赛事申请地的历史文化因素是赛事组委会的一个重要的考虑要素。体育赛事能否成功的关键因素是城市风俗的独特性。由此可见赛事举办地的历史文化因素对赛事申办、举办的重要影响。

选择体育赛事项目时，应重点了解赛事举办城市的风俗文化，以吸引城市居民关注和参与赛事。

3. 体育资源因素

举办地举办体育赛事的物质基础，即举办地的资源条件。举办地的资源条件是体育赛事顺利运营得以保障的基础条件，其对赛事的举办影响（包括赛事项目确定影响）具体分析如下：

（1）城市基础设施和体育场馆设施条件。体育赛事的开展和某一体育项目比赛的开展需要一定的或特殊的体育物质基础，良好的城市基础设施建设是顺利举办体育赛事的先决条件，倘若没有完善的城市基础设施建设作为举办体育赛事的有力保障，则体育赛事的成功举办是难以实现的。

（2）赛事运营团队与赛事运营经验。优秀的赛事运营团队和丰富的赛事运营经验是决定体育赛事项目成功的重要因素，如国际奥委会对奥运会申办城市的要求中，明确规定："具有组织大型国际比赛的实践经验，拥有一批能策划、组织、实施大型国际比赛的专家和技术人员。"

（3）保障性条件。具体包括住宿、餐饮、安保等条件。体育赛事举办期间，会有各类参赛者（运动员、裁判员、观众以及官员）参与其中，大型体育赛事的参赛人数可能达到数万人，因此，要承办相应的体育赛事项目与活动，赛事举办地的住宿条件和餐饮条件需要达到一定的要求。在质量方面，应满足参赛的运动员、官员以及观众对宾馆和饭店的级别要求；在数量方面，必须拥有足够数量的居住地和饮食提供赛期的正常住宿与饮食；在安保方面，由于大型体育赛事的参赛人员多，体育赛事的服务人员多，各类人员背景复杂、涉及范围较大，任何安保问题都可能引起社会的大范围关注，因此，必须确保有良好的安保保障，确保赛事顺利开展。

4. 受众需求因素

体育赛事的举办能否提升举办城市形象，与赛事举办城市的居民的体育爱好、体育人口基数、体育发展需求等具有密切的关系，城市居民是体育赛事的重要支持者。

体育赛事举办实践证实，体育赛事和居民需求越符合，体育赛事越容易赢得居民的支持与欢迎，体育赛事的当地居民及体育受众支持率越高，体育赛事的市场状况越好。

5. 城市发展因素

选择体育赛事项目，应当充分考虑举办该体育赛事是否与举办地的整体发展战略相协调，能否对举办地实现发展目标产生有利影响，有利于体育赛事的良好赛事效益的获得。

一般的，选择的体育赛事项目则需要与举办地的整体发展战略相符合，倘若体育赛事项目和举办地整体发展战略之间的关联度相对较低，则举办体育赛事的价值也会随之降低。

例如，上海的城市发展目标是“现代化的国际体育知名城市”。上海相继举办了 F1 汽车大奖赛、网球大师杯赛等国际知名的体育赛事，这些体育赛事与上海的整体发展战略的关联度较高，因此赛事举办价值较高，更能得到当地政府的支持。

四、大型体育赛事工作计划制订

（一）体育赛事计划的概念

计划，是管理的职能之一，也是重要的管理工具。计划包括确定特定组织目标和达成组织目标的方法两方面的内容。

对体育赛事运作管理机构来说，体育赛事计划就是指在一定环境因素的约束下，体育赛事运作管理机构明确体育赛事运作管理的目标，并充分分析、挖掘以及整合现有的一切体育赛事资源，明确实现赛事目标的方法与途径，对专业技术工作进行合理有效的包装的过程。

在大型体育赛事的组织与管理过程中，赛事计划制订需要在体育赛事筹备组织工作中的启动阶段。一般来说，当获取体育赛事的承办权之后，体育赛事运作机构即开始进行体育赛事计划的具体制订工作。

此外，体育赛事计划制订后并非是一成不变的，应结合赛事环境变化及时调整赛事计划。

（二）体育赛事计划的作用

制订体育赛事计划作用重大，分析如下：

(1)通过体育赛事计划可更深入了解和描述选择或者申办赛事的原因。

(2)体育赛事计划能够更加准确的定义和规定特定体育赛事的目的与目标。

(3)体育赛事计划能科学指导和监控体育赛事的运作管理方向。

(4)体育赛事计划能够促使进行体育赛事运作管理的各个部门和成员协调合作，提高团队凝聚力。

(5)体育赛事计划能预测和防范体育赛事可能出现的运作风险。

(6)体育赛事计划也能提高体育赛事运作管理机构的可信度、公信力、美誉度以及影响力。

（三）体育赛事计划的要素

体育赛事计划贯穿体育赛事运营的全过程，是一项与体育赛事组织的全部部门以及全部成员息息相关的一份工作方案。体育赛事计划包括以下几个基本要素。

1. 赛事概述

赛事概述，即对整个体育赛事情况进行概括叙述，包括赛事的运营背景、赛事名称、组织机构以及赛事亮点等。

系统进行赛事概述，应尽量做到内容简明、扼要，描述准确、用词合理、恰当、专业。

2. 组织目标

目标是引发行为的根本动机，可推动人们的行为向着特定的方向努力。对于一个组织来说，制订组织目标，能对组织的行为起到重要的动力作用，可促进组织内部成员将自身行为结果和事先预定的目标相互对应，及时做出调整和修正，促进组织总目标的实现。

体育赛事管理中，如果不能明确赛事组织管理目标，则后续工作无法有针对性地得到开展。

3. 范围计划

在体育赛事的组织与管理过程中，确定体育赛事计划范围，能够有效避免内容遗漏，可实现对体育赛事相关工作的合理分析，对运营进度做到全方位地控制和评估，对相关责任的合理分配，能够保证体育赛事有序开展，避免赛事决策失误。

4. 进度计划

体育赛事的进度计划可确保赛事过程顺利开展，是赛事各活动的重要时间参考与把控，它是对赛事运营工作的开展顺序、开始时间、完成时间、相互联系的表达。从本质上来看，体育赛事进度计划是赛事各项工作的时间估算与安排。

体育赛事的进度计划的科学制订是非常重要的，如果不能科学把握体育赛事进度，则可能造成体育赛事资源的浪费、影响体育赛事的整体运营效果。

5. 资源计划

体育赛事的资源计划应结合赛事性质、规模、特殊需求等合理规划与安排。

(1)体育赛事人力资源计划：实现对人力资源的来源和分配问题的解决。

(2)体育赛事财务资源计划：合理估算赛事的收入和支出，并对赛事运营进行规划。

(3)体育赛事物质资源计划：主要是对体育赛事的场地、设备以及配套服务设施等资源的供给问题与分配问题予以解决。

不管是哪种体育赛事资源计划，都应当高度关注环保理念，循环利用各项资源，实现体育资源的优化配置。

6. 风险管理

体育赛事的举办是一个开放性的活动过程，体育赛事活动开展过程中，赛事容易受到内部和外部各种因素的影响，对赛事各种影响因素可能引起的赛事风险应有预案。

和其他常规性项目相比，体育赛事具有一次性特征，且不同类别的体育赛事均拥有自身的特征，因此不同的体育赛事在赛事开展过程中遇到的具体赛事风险是不一样的，每一场体育赛事的举办都应该结合赛事本身做好赛事风险管理，具体可利用加强管理等多种手段可以在最大限度上避免某些风险的发生。

(四)体育赛事计划的内容

一般的，体育赛事计划应包括以下内容：

(1)赛事名称。

(2)赛事组织机构。

(3)赛事背景与“亮点”。

(4)赛事规划、主题与指导思想。

(5)赛事规模与安排。

(6)赛事资源及其处理。

(7)体育赛事相关活动。

(五)体育赛事计划的制订流程

计划,具有预见性、专业性,需要科学分析、论证,需要专业技术人员和大型体育活动的专家共同参与来完成。当制订体育赛事计划的人员到达工作岗位之后,需要依次完成体育赛事计划各个环节的工作,并最终确定一个较为科学完整的赛事计划(图 6-3)。

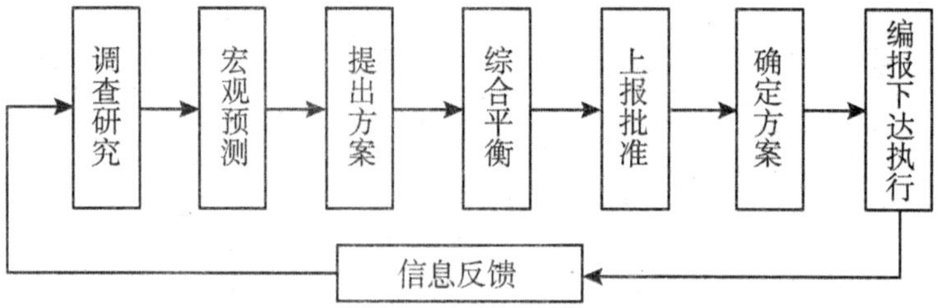

图 6-3

体育赛事计划的制订工作应当置于体育赛事的筹办工作之前,在制订体育赛事计划之后成立或调整组织机构,拟定详细的工作方案并实施。在体育赛事计划的制订过程中,应重点做好以下几方面工作,确保这些工作环节的科学准确实施。

1. 调查研究

调查研究工作的目的是获取更多、更全面的赛事相关信息,以便于为科学的赛事计划制订提供信息参考。

在大型体育赛事的调查研究工作中,应做好以下内容的调查分析:

(1)政府意志与行为调查分析。

(2)赛事亮点分析。

(3)赛事举办地社会、经济、文化、教育、生活状况、交通等社会、城市功能与能力和气候等因素调查与分析。

(4)赛事主题分析及企业理念与赛事主题整合调查分析。

(5)各项竞赛组织及主题活动组织的可行性分析。

(6)赛事所期望出席领导活动内容与日程排期及相关因素分析。

(7)赛事人力资源调查分析。

(8)赛事的财务状况分析。

(9)其他相关调查分析等。

2. 宏观预测

围绕党和政府的方针、政策、决策的研究与活动结合定位，对赛事进行宏观层面的预测与定位。具体包括以下内容：

(1)赛事规格。

(2)赛事的关注度、影响度。

(3)赛事经济效益和社会效益。

3. 提出方案并综合论证

结合体育赛事的各方面信息，在做好上述工作的基础上，对体育赛事做初步论证，有计划的工作小组内部论证、相关部门领导讨论与论证、高一级领导论证、筹委会办公会讨论与论证等。

在对体育赛事计划进行初步论证后，可进一步拟定体育赛事计划。深层次的讨论分析结束后，可制订出更加具体的体育赛事计划。

4. 上报并确定最终方案

体育赛事计划确定之后，应交给专家论证及赛事运作管理机构领导、赛事主办单位领导审核，依照相关专家和领导的审核建议对计划进行修订，最后完成体育赛事计划定稿，正式提交给赛事运作管理机构。

五、大型体育赛事的赛前评估

(一)体育赛事赛前评估的概念

从项目管理的角度来说,体育赛事赛前评估是:“对赛事所进行的综合论证与评估,对举办体育赛事的必要性和可行性进行分析研究和评估论证。”

对于体育赛事的组织与管理者来说,体育赛事赛前评估是对赛事效益的一种预期与可行性分析。

(二)体育赛事赛前评估的特征

1. 预测性

体育赛事赛前评估是在赛事举办之前进行的,对某一体育赛事进行论证和评估时,仅能运用历史数据和预测数据。历史数据不能完全预测当前赛事的全部情况,预测数据就更加具有预测性和不确定性,这就使得体育赛事的赛前评估需要做大量的准备工作,如此才能确保赛事预测的准确和贴近实际。

2. 系统性

体育赛事赛前评估是对体育赛事项目的全方位评估,具备系统性这一重要特征。体育赛事赛前评估的系统性特征表现在以下几方面:

(1)体育赛事举办的基础条件评估。

(2)体育赛事与城市的契合度评估。

(3)体育赛事给城市带来的效益评估。

(4)影响体育赛事的各内部因素和各种外部环境因素,以及这些因素之间的相互关系评估。

3. 实践性

体育赛事赛前评估具有实践性特征，体育赛事赛前评估服务于体育赛事的决策实践部分，对赛事赛前评估有实践性要求。具体体现在以下几方面：

(1)要求体育赛事项目一定要来源于某一个地区社会、经济发展以及地方居民的实际需求。

(2)要求被评估的体育赛事项目一定要与举办地的政治、经济、社会等方面的条件相符合。

(3)要求体育赛事赛前评估中所使用的数据必须符合实际。

(4)应对体育赛事赛前评估的结果进行实践检验，检验其真实性与准确性。

(三)体育赛事赛前评估的内容

1. 赛事运营环境评估

体育赛事的组织与管理离不开赛事大环境的影响，体育赛事的大的运营环境将直接影响到体育赛事的组织与管理决策。因此，赛事项目运营环境的评估十分重要。

体育赛事项目运营环境评估主要是针对赛事运营所面临的各种环境条件的全面评估。大型综合性体育赛事，如奥运会的运营环境内容分析则更为复杂。具体包括以下内容：

(1)体育赛事运营的各种资源条件的评估，即对赛事项目运营各输入条件的评估。

(2)体育赛事项目的市场条件的评估，即对赛事项目运营的各输出条件的评估。

(3)体育赛事项目运营宏观条件的评估(如政策、法律条件、文化环境等)。

(4)体育赛事项目的市场竞争情况的评估。

2. 赛事财务评估

从项目投资者的角度对体育赛事项目的收入和支出情况的预测和分析。评估指标如下：

(1)赛事项目投资利润率。

(2)赛事投资收益率。

(3)赛事其他盈利能力指标。

3. 赛事经济影响评估

体育赛事项目经济影响评估不仅是体育赛事项目评估中重要环节，也是整个体育赛事赛前评估的重点。

体育赛事对举办城市经济的拉动作用明显，体育赛事举办的目的之一就是通过赛事举办来获得一定的经济效益，因此，在赛前对体育赛事未来将产生的经济影响进行评估是赛事评估的非常重要的一部分内容。具体来说，体育赛事项目的经济影响评估是从举办国家或城市的角度出发，对体育赛事项目的经济影响进行的全面评估。

4. 赛事社会影响评估

体育赛事项目社会影响评估是指对因体育赛事项目的举办而对城市的社会心理、社会价值观、社会政治等方面产生的影响的分析与评估。

大型体育赛事对举办地社会的影响面较广，这些影响既可能是定量的，也可能是定性的，有些体育赛事对举办地社会有举足轻重的作用。评价一个体育赛事项目的优劣的一个重要标准就是要看该项目对城市和社会发展所作贡献的大小。

体育赛事与城市社会生活的诸多领域之间都有着千丝万缕的联系，社会环境对体育赛事的成本与效益必将产生或多或少的影响，同时，体育赛事也会对城市的社会各方面产生重要的影响，二者的影响是相互的。

对于体育赛事的组织与管理者来说，评估赛事社会影响有助于赛事主办方了解赛事将产生的社会效益，能从宏观的角度来评判赛事举办的价值。体育赛事社会影响评估内容较多，且具有多目标性和多层次性的特点，体育赛事的审核影响评估应尽可能地广泛、深入、多角度。

5. 赛事环境影响评估

体育与环境之间具有非常密切的关联。现代社会，人们对体育赛事，尤其是大型体育赛事举办对环境的影响日益重视。

具体来说，体育赛事环境影响评估是指赛事举办之前，在充分调查研究的基础上分析项目可能给自然环境带来的影响，然后做出全面、科学的定量与定性预测，最终利用分析预测的结果指导赛事的决策与实施工作。

大型体育赛事的环境影响评估非常重要和必要，一些特殊赛事，如滑雪、汽车越野等与自然环境关系较密切的赛事，更应该重视做好赛事环境影响评估。

6. 赛事事前综合评估

在上述各专项评估的基础上，综合分析赛事，并最终形成一个科学的评估意见。

(四)体育赛事赛前评估的标准

1. 合目的性

合目的性，指赛事赛前评估活动与社会公众及其现实需要相符合的性质。评估主体必须以“内在尺度”—— 社会公众的一定需要和目的，来评判赛事的必要性。

2. 合规律性

合规律性，指体育赛事赛前评估活动与体育赛事项目的本质和规律相符合的性质。评估主体必须以“外在尺度”—— 赛事项目与举办地自身的本质和规律性，评判赛事的可行性。

3. 来源于实践

体育赛事的价值，最终应在赛事实践活动中得到体现。对于体育赛事评估来说，应切合实际，从实践活动和具体材料出发，科学合理评估，并将评估的结果用于指导赛事实践中去。

第二节 大型体育赛事的管理层次与模型

一、大型体育赛事的管理层次

不同规模大小的体育赛事的管理规模不同，管理层次不同。但无论何种类型的赛事，都必须建立科学合理的管理机构，并对管理机构进行合理划分。

大型体育赛事的管理层次是非常复杂的，在赛事组委会下，结合具体的赛事运作管理需要，任命下级委员会或个人、下级委员会或个人应该制订下级委员会任务清单和行动计划，负责各自领域的赛事工作内容的完成。

赛事运作中下级委员会负责的一级作业任务包括财政预算、风险与法律、人力资源、后勤、信息沟通、营销、竞赛等诸多方面，在赛事实施过程中，要确保赛事管理部门层级之间的信息沟通与配合，并根据赛事需要随时做出必要的组织管理结构、层次调整。

根据赛事管理要素和赛事管理的层次性，在赛事整体运作管理结构中，赛事管理运作过程是随着赛事活动的开展而逐渐向前推进的，具体表现在筹备期间的纵向运作和赛事实施期间的横向运作两方面。

二、大型体育赛事的管理模型

(一)体育赛事管理运作过程

竞赛管理过程是一个包含管理者行使计划、组织、领导、控制管理职能的过程,并且需要许多任务活动交叉和相互协调。竞赛管理活动表现为竞赛程序的执行。体育赛事管理运作者,具体是指由专门任命的人员或设立组织部门来担当。赛事管理人员应该具备良好的口头沟通技能、丰富的管理经验,最重要的是应该具有关注体育赛事受众(消费者)需求的态度,在整个赛事管理运作过程中,应广泛收集赛事信息、科学安排赛事各项工作、促进赛事管理部门与人员的工作效率、质量的完成并督促彼此之间的相互配合,如此才能确保整个体育赛事管理运作的高效。

(二)体育赛事管理运行模型

强调赛事的目标和战略的无成本或者是低成本,从这个角度出发,明确体育赛事管理运作模式,最大限度地增加机会和减少赛事问题,针对这些问题提前进行分析并准备好问题解决方法和预案,确保整个体育赛事管理的科学运行。

经过不断的赛事举办经验实践,如举办奥运会、亚运会,以及世界级的锦标赛、公开赛等,目前我国已经形成了较为成熟的赛事模型,在赛事启动、计划组织、赛事实施、赛事调控、赛事评价等方面均具有了较为成熟的管理经验(图 6-4)。[①]

---

① 王守恒,叶庆晖．体育赛事管理[M]．北京:高等教育出版社,2007.

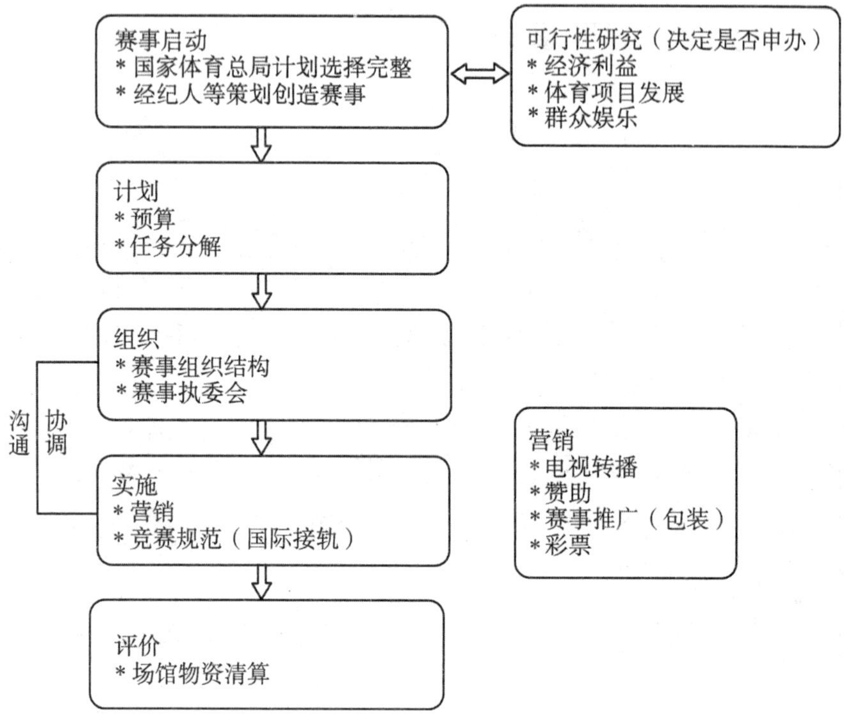

图 6-4

第三节　大型体育赛事组织管理的程序与步骤

大型体育赛事的组织管理内容繁多,每一项具体工作的开展都关系到体育赛事的组织管理是否科学合理。大型体育赛事组织管理过程需要遵循科学的程序与步骤,每一个赛事程序与步骤都应引起重视。结合赛事程序与步骤对赛事影响的重要程度,这里重点分析以下几个赛事组织管理的重点程序与步骤。

一、成立竞赛管理组织

(一)赛事组织结构形态

成立赛事管理组织是赛事管理基础。当前世界范围内的体育赛事管理组织结构主要有以下两种形态：

1. 单一型组织结构

单一型组织结构形态,具有以下特点：

(1)最高管理者掌握所有体育赛事的决策权。

(2)最高管理者直接负责赛事的所有工作。

(3)组织结构灵活性大,能够快速适应突然变化的情况,利于决策。

2. 职能型组织结构

职能型组织结构是指按照职能将组织分为若干个部分的组织管理结构。该组织结构形态具有以下特点：

(1)将个人或团体安排到特定的工作组中,能够有效地避免责任交叉重复。

(2)要求工作人员具有较高的专业化水平。

(3)组织工作效率高。

(4)组织间的积极沟通协调存在一定的局限性。

(二)赛事组织体系构成

科学的体育赛事完善的组织体系构成是举办一场高质量的体育赛事的重要保障,能充分协调竞赛各组织及与之相关的各要素之间的关系,能更加高效地促进体育赛事的各项工作的完成,并能实现体育赛事综合效益的最大化。

体育运动竞赛的参与体是通过赛事活动产生关联的。[①] 任何一个赛事都必须有下列参与体。

(1)个人:又称居民,是体育赛事的消费者、劳动者、服务对象,支持者。

(2)政府:赛事的支持者与赛事政策环境把控者。

(3)企业:可能是赛事承办方、赞助者、合作者等,可扮演多种角色参与体育赛事。

(4)社团组织。

(5)国际体育组织:大型赛事的重要参与者。

在体育竞赛过程中,为了更好地满足观众喜好和赞助要求,更好地实现体育赛事效益,常常需要对体育比赛的方式和方法进行相应的修改。体育赛事组织与管理中的各项工作是“牵一发而动全身”的,对于赛事组织管理的各项活动安排、工作布置、关系协调等都需要赛事组织体系内部之间进行有效沟通、配合,如此才能促进体育赛事综合效益最大化的实现。

二、遴选赛事承办地

(一)承办地遴选方法

当前举办体育赛事,主要通过以下两种方法遴选赛事举办地。

(1)轮流承办。具有一定承办能力的人员轮流承办。对于一些国内的体育运动赛事,体育组织对地方成员所在地的社会、经济、文化、体育设施等情况都比较了解,往往会均衡的轮流安排承办比赛。

(2)投票竞标。统一申请,公平竞争。

① 杨铁黎.体育产业概论[M].北京:高等教育出版社,2010.

(二)承办地遴选要求

适宜的赛事承办地能保证赛事的顺利实施,遴选体育赛事承包地和承办者应考虑以下内容:

(1)应从赛事组织管理能力、该国家或城市的经济以及文化背景、体育设施条件,以及通信和宣传能力等方面对承办者进行考察。

(2)体育运动赛事的承办地必须制订科学的竞选规则,避免申办过程中出现不公平的现象。

(3)体育运动赛事的承办地应始终遵循发展竞赛这一原则。

(4)承办地必须具备一定的政治实力、经济实力,社会稳定、文化健康,并能够承受一定的物质消耗,具备相应的交通、通信和安全能力。

(5)申办者要注重活动的宣传,使更多的人了解比赛项目和内容,并能够在一定的时期形成特定的文化,以满足竞赛文化氛围。

三、制订赛事相关文件

体育赛事的成功举办,必须要有明确、科学的赛事规程与规则,体育赛事规程与规则的制订工作是体育赛事组织与管理的重要工作内容。

(一)制订赛事规程

制订体育赛事规程,应遵循以下基本原则:

(1)公平、公正原则。

(2)尽可能地采用国际统一的比赛规则。

(3)根据竞赛性质,确定参赛资格、设置项目及比赛方式。

(4)根据运动技术的发展状况,调整比赛规则、方式和计分办法等。

（二）制定赛事规则

体育赛事规则的制定必须按照一定的规律和原则。在制定体育赛事规则时，必须遵循以下原则：

1. 公平性原则

公平性是体育赛事规则制定第一原则，公平是竞赛的根本出发点。体育赛事规则的制定，应结合体育运动的特点，注意以下问题：

（1）比赛条件均等。

（2）参赛人数（队）相同。

（3）比赛顺序机会均等。

（4）休息时间机会均等。

2. 严肃性原则

体育赛事规则具有高度的权威性，制定竞赛规则是一项严肃的工作，应注意以下几点：

（1）赛事规则应文字准确、描述严肃严谨。

（2）对竞赛活动具有高度的概括性和指导性。

（3）对于违反竞赛规则者，应给予相应的处罚。

（4）对于竞赛规则没有涉及的特殊问题，应按规则精神处理。

3. 同一性与统一性原则

体育赛事规则制定的同一性与统一性原则，具体是指体育比赛条件和体育比赛方法的同一性。在体育赛事规则制定过程中要确保体育竞赛规则的同一性与统一性应注意以下几点。

（1）比赛方法符合比赛形式。

（2）比赛条件规范。

（3）规定的行为标准一致、客观。

4. 公正性与准确性原则

体育赛事规则应正确反映赛事过程与规律，赛事制定要做到公正、准确。应注意以下要求：

(1)以奥林匹克理想为指导，克服狭隘的民族主义、本位主义。

(2)从运动技术的本质特征出发，制定能反映技能特征的具体条文，不以某种技术作整个技术的规范。

(3)在准确性的基础上，规则规格化、技术化：

5. 合理性原则

体育赛事规则应科学合理，注意以下几点：

(1)赛事规则的组织、编排应合理，与体育运动特点相适应，有助于运动员发挥技能水平。

(2)体育赛事的竞赛方法、竞赛形式应与具体的体育运动项目特点相适应。

6. 发展性原则

体育赛事规则是促进体育赛事发展的一个非常重要的因素，赛事规则有助于规范体育运动项目的技术、战术的发挥，能不断促进体育运动项目的技术、战术的提高，进而实现体育运动项目的发展。在赛事举办过程中，赛事规则还可以影响赛事的观赏性，并促进赛事的商业化、职业化发展。

体育赛事规则制定的发展性原则要求如下：

(1)明确赛事规则与体育运动技术战术、运动成绩的关系和发展变化规律。

(2)对不利于体育运动技术战术和运动成绩的竞赛规则应修改调整。

(三)制订赛事计划

计划赛事是体育赛事组织的重要任务，赛事计划内容包括赛事名称、性质、项目、选手资格、赛期、比赛方式或赛制、周期、竞赛规程等。

制订体育赛事计划的具体内容已经在本章第一节详细介绍，这里不再赘述。

四、体育竞赛实施

实施竞赛是体育赛事管理的重要内容之一，其主要任务就是保障比赛顺利进行、提供优良的竞赛服务、创造优异运动成绩、形成品牌赛事，以及无形资产营销。

（一）赛事过程控制

控制赛事过程是指为保证体育赛事管理过程的顺利进行而采取的一系列活动。合理有效地确保体育赛事管理系统的各项工作能够正常、高效运转。

科学控制体育赛事过程可结合赛事组织管理实际需求选用以下一种或多种方法。

1. 计划控制

计划控制是赛事的基本控制方式，具体的赛事组织管理过程如下：

（1）确定总目标、各项指标或标准。

（2）预测经营管理目标影响因素。

（3）制订实现目标的具体措施。

2. 目标控制

目标控制指结合赛事目标管理办，对赛事过程进行控制，在赛事举办过程中各项工作的开展都要以赛事总目标的实现为参考，赛事各活动的小目标的实现应为赛事总目标的实现服务，最终促进赛事总目标的达成。

3. 预算控制

预算控制指对赛事运营中的资金运转进行控制。具体方法是通过预算各个经营管理系统内活动资金状况，并将整个赛事预算都控制在一个合理范围。

4. 定额控制

为了最大限度地确保体育资源的高效合理利用，将人、财、物等资源的效用发挥到最大，通过制定人员定编、劳动定额或工作量、物资消耗定额等措施控制赛事管理。

(二)竞赛产品及服务经营

体育竞赛产品主要分为两种，一种是无形产品，另一种是有形产品，体育赛事的组织与管理的最终目的就是通过竞赛产品与服务的经营，来提高体育赛事的收入，实现经济创收。

根据重要性和地位来划分，体育竞赛产品及服务的主要有以下几种：

1. 体育赛事电视转播权

电视转播权是体育赛事经营收入的“主导产品”。当前世界体育赛事市场中，奥运会、足球世界杯、网球公开赛等国际顶级赛事的电视转播权都是这些赛事的重要经营与管理产品。

2. 体育赛事广告与赞助

广告与赞助是体育赛事的经营管理中极为重要的部分。体育赛事的赞助主要指以体育为主题，活动为载体，是一种利益交换的特殊的商业行为。赛事广告是体育运动赛事赞助的一个重要形式和重要内容，是提高产品形象的最佳措施，也是企业营销产品的良好机会。

现代体育赛事市场的快速发展，体育赛事的广告与赞助经营管理越来得到了赛事组织管理者的重视。近年来，体育赛事赞助形式越来越复杂，赛事广告的开发也越来越深入、广泛，体育赛事的广告与赞助形式日益多样化和多元化。

3. 体育赛事门票

门票销售是赛事运营管理的重要工作，门票销售收入是体育赛事的重要收入来源。在体育赛事的门票经营管理过程中,应对体育赛事的门票销售数量、预售数量、门票销售网点安排、门票销售方式等进行合理安排。

4. 体育赛事特许商品及指定服务

体育赛事市场化管理与经营过程中,特许经营主要是进行赛事的文化推广与宣传,赛事的交通、印刷、通信、邮政和接待以及器具的使用等也包括在内。丰富的赛事特许经营也为体育赛事经营创收提供了更多的可能性,同时也对赛事组织管理者的组织管理能力提出了更高的要求。

(三)赛事收尾与评价

1. 体育赛事的收尾

体育赛事结束后应对体育赛事管理要素进行清理,做好以下管理工作:

(1)赛事财务决算,平衡账目。

(2)赛事场馆内的拆卸和清理工作。

(3)赛事借调的有关人员返回原单位。

(4)赛事的器材、设备的归还、转让、出售和处理。

(5)赛事有关运营管理部门的财务结算。

(6)对帮助体育赛事运营管理的有关部门、人员表示感谢。

(7)办理各队离赛的各种手续,确保安全、及时离赛。

(8)用于比赛的场地、器材、服装、用具等物资设备的及时归还、转让、出售和处理工作。

(9)汇编、寄发比赛成绩册和其他技术资料。

(10)填报等级运动员和破纪录成绩;比赛成绩编制和印发。

(11)向新闻单位发布体育赛事的有关情况。

(12)赛事文档资料移交、整理。

(13)赛事工作总结,上报当地党政机关和上级体育部门。

(14)赛事评比表彰。

2. 体育赛事的评价

体育赛事评价,具体是指通过对赛事实施观察、测量和监视,正确评估赛事的过程,体育运动赛事的评价贯彻赛事的整个过程和各个环节。

现阶段对体育赛事的评价主要包括赛前评价、赛事实施期间评价、赛后评价;从体育赛事的社会性质而言,包括赛事的竞技水平、经济效益、社会文化效益、赛事风险、政治效益等方面的评价。体育赛事的评价是多元化的。

第四节 大型体育赛事的信息管理

一、信息管理概述

(一)信息

信息,是指事物运动的状态和(状态改变的)方式。

在体育的发展过程中,体育信息传播经过了口耳传播、文字传播、印刷传播、电子传播共四个阶段。现阶段,社会体育信息的传播主要是通过报刊、广播、电视和互联网四种途径,目前这几种传播手段在社会体育信息传播中同时存在。

现代信息技术以数字技术为基础,以计算机为核心,采用电子技术进行信息的各种处理。

现代体育竞赛中,信息技术的应用为体育赛事活动的开展提供了便利,如通信、广播、计算机、微电子、遥感遥测、自动控制等信息技术在体育赛事中的应用使得体育赛事更加科学、准确,对赛事成绩的记录、汇总、分析更加高效。

（二）信息管理

信息管理指用于辅助人们进行信息获取、传递、储存、加工、控制及显示的综合应用各种信息技术的系统。信息管理系统流程如图 6-5 所示。[①]

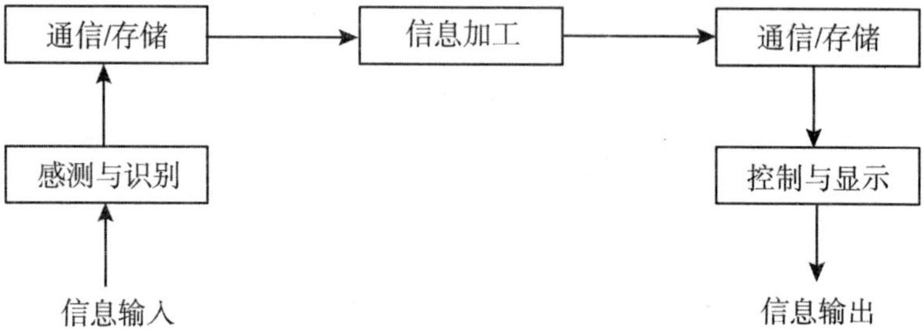

图 6-5

二、大型体育赛事信息管理系统

随着信息技术应用的普及和深化，大型体育赛事活动的成功开展离不开信息技术的全面支撑。综合体育赛事信息服务能全面反映信息技术在体育竞赛中应用的内容、过程和水平。现代大型体育赛事信息管理系统的建立离不开以下信息系统。

（一）基础网络系统

基础网络系统是以组委会网络中心机房、数据处理中心、注册与制证中心、主新闻中心和视频指挥中心为枢纽，以通信服务提供商为基础，连接到比赛场地的专用和公用网络系统。通过信息网络对赛事地的全覆盖，便于体育赛事的直接参与者间接参与者能及时、便捷地查询了解赛事信息。

① 史国生，邹国忠．体育竞赛组织与管理[M]．南京：南京师范大学出版社，2008.

(二)应用与服务系统

应用与服务是基于基础网络之上的信息应用层，是整个电子信息服务系统的核心。就我国大型体育赛事中的赛事信息系统的建立与应用来说，一个成熟的体育赛事的信息应用与服务系统具体包括人员注册系统、计时记分系统、现场成绩处理系统、综合成绩处理系统、数据通信系统、综合信息查询系统、多媒体查询系统、电子商务系统、通信服务系统等。不同赛事信息系统的具体要求与功能参考表 6-4。

表 6-4　我国大型体育赛事的主要信息应用服务系统

信息应用与服务系统类型	赛事信息系统管理内容
人员注册系统	本地或网上远程注册报名； 人员身份验证； 人员分类统计信息； 各竞赛项目运动员报名、参赛数据； 证件制作； 综合查询
计时记分系统	成绩采集、处理、传递、显示和备份
现场成绩处理系统	采集现场比赛成绩信息； 输出参赛人员的分组、分道和顺序； 提供竞赛编排表、成绩公告清样； 赛场大屏幕和电视转播； 向综合成绩处理系统传送动态成绩信息； 向相关系统传送竞赛编排和结果； 向国家竞技体育管理信息系统传送规范的成绩信息
综合成绩处理系统	满足竞赛总规程规定的各类成绩统计处理要求； 汇总比赛秩序单和成绩数据； 输出现场成绩结果； 奖牌、总分，破纪录统计； 竞赛动态编排； 提供成绩公告和总成绩册的打印输出清样

续表

信息应用与服务系统类型	赛事信息系统管理内容
数据通信系统	为竞赛信息系统进行数据传输而设计的专用数据通信软件组,可实现各应用子系统间的数据自动传输
综合信息查询系统	由内网/外网组成,内网在运动会筹备期间提供信息系统联试和联调环境,外网为组委会官方网站
多媒体查询系统	提供丰富多彩的高质量查询服务
体育赛事组委会办公系统	充分利用计算机、网络和通信技术实现组委会内部办公自动化的综合系统

第七章　大型体育赛事资源的优化管理

大型体育赛事的成功举办需要充足的体育资源投入作为保障，良好充足的体育赛事资源是大型体育赛事得以正常举办的重要前提。大型体育赛事对资源的消耗是非常大的，为了更大限度地实现体育赛事的运作效益，就必须控制赛事成本，优化配置体育赛事资源，利用最少的赛事资源消耗来实现最大的赛事效益创收。本章就主要对赛事资源的优化管理进行深入讲解与分析，以为体育赛事管理者更加科学高效地利用体育赛事资源提供理论和实践指导。

第一节　大型体育赛事的物力资源管理

一、赛事物力资源管理基础

（一）物力资源管理的任务

1. 合理配置各种体育设施设备

体育赛事的举办需要一定的体育运动器材器具。体育赛事举办期间，各项目不同比赛所使用的体育设施设备不同，专业性要求不同，应做好各体育设施设备资源的科学配置与管理。

体育赛事管理者应根据其场馆的档次、规模、消费者层次来对场馆内体育设施设备进行合理的配置。在市场规律的影响下，体育场馆在经营时，充分考虑其设施设备的使用性能、科技含量、豪华程度、完好状况等影响，对体育场馆、体育设施、体育设备的具体数量、质量要求进行准确定位。

2. 为赛事的正常举办提供保障

大型体育赛事所需要的体育物力资源种类多、数量大、涉及面广，体育物力资源管理复杂，因此管理者必须制定科学的管理方法。应做到分级管理、分工协作、专人负责，制定科学的管理体系和管理制度，以保证设施设备在任何情况下都能正常使用。

3. 及时保养、维修、更新物力资源

为了确保体育赛事的正常、如期举办，体育赛事的管理者必须对原有项目设施设备进行不断的保养、维修、更新。

在体育赛事举办期间，应加强设施设备管理人员的责任心，对设施设备进行定期检查，发现问题及时解决；对钻研精神大力提倡，熟悉掌握设施设备的性能、特点、使用方法、操作规程；制订维修计划，科学操作、规范检修、定期养护。

4. 建立规范的体育资源管理制度

具体来说，赛事管理者应制订科学的场馆保养维修制度，这能确保体育赛事举办过程中的各项体育资源，包括体育场馆设施设备等始终能正常运行，并延长其使用寿命。

（二）物力资源管理的要求

1. 卫生整洁，环境优雅

体育赛事的物力资源管理可充分体现出体育赛事的规模和质量。竞赛期间，为满足运动员和其他运动者的参赛需要，促进

运动者的身心健康，体育赛事应为所有参赛人员创造一个整洁、安全、优雅的比赛环境。

具体来说，长期使用的大型器材应相对固定摆放，并定期进行检查维护，以保证安全使用。除此之外，要保持体育器材和草坪的卫生，定期进行相应的消毒和保洁工作，环境尽量保持优雅舒适。

2. 器材摆放，秩序井然

球、球杆等体育运动器材的摆放应该做到分门别类，秩序井然，不要在场内随意摆放，以免给球手的击球造成干扰。

3. 使用前后，安全检查

针对场地、设施，在使用前，应由专人对设备状况进行检查，并做好调试工作，确保其设施设备的安全有效，如检查地上是否有尖锐物。在场地使用结束后，也需指定专人对其设备进行检查。

4. 管理严谨，制度完善

体育赛事中体育物力资源的使用关系到参赛人员的人身安全问题，关系到竞赛成绩的客观公正。因此，体育赛事物力资源的管理是一项细致、艰巨的工作，必须要做到科学严谨。故而对于赛事组织管理者来说，建立完善的赛事管理制度是非常有必要的。

5. 及时劝阻，及时报修

根据赛事管理制度要求，赛事管理工作人员应认真履行体育赛事物力资源管理义务，承担管理责任。针对出现设备故障的情况，应做好两方面工作：一方面，阻止运动员继续使用；另一方面，管理负责人填写《请修单》，时间紧急可先电话告知，在事后再补交《请修单》，报工程部及时维修。

6. 完善服务，重视安全

体育赛事开展期间，各种设施设备的完好率应达到98％以上，并且尽可能地接近100%。保障有95%的运动员对设施设备的使用表示满意。

(三)物力资源管理的程序

大型体育赛事举办期间，应做到对设施设备的全过程管理。从赛事筹备的设施设备购置、租赁到位一直到赛事结束后设施设备的赛后安置、归还、报废退出服务经营领域，整个管理过程(图7-1)都要受到重视。

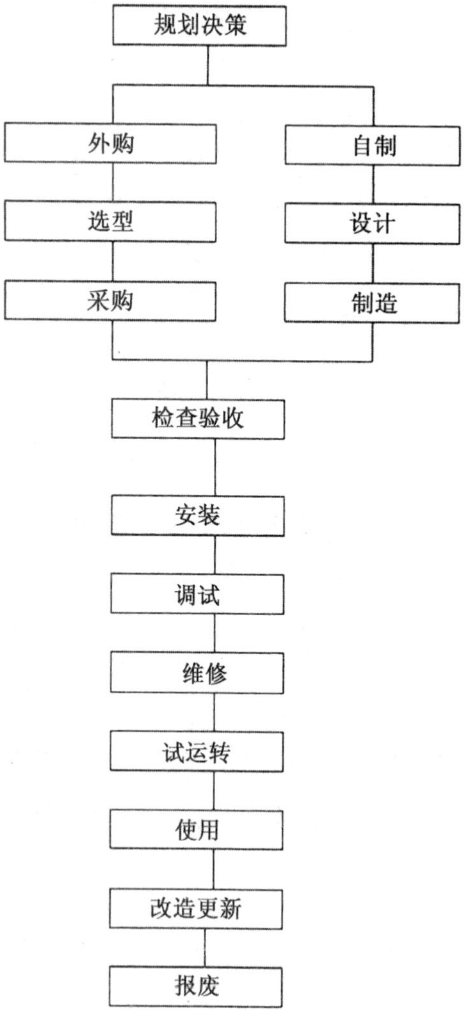

图 7-1

赛事举办期间，赛事管理者对物力资源的管理是从选购设施设备或自行设计制造设施设备开始的，此后的每一个关于物力资源的管理环节都要做到细致，以确保在体育赛事举办过程中提供良好的赛事物力资源支持。

在体育赛事物力资源管理各程序中应做好以下工作：

1. 体育设施设备更新程序

(1)制订体育赛事运动设施设备的更新计划。

(2)报给上级进行申报、审批。

(3)收集资料，选定型号。

(4)联系商家，订购设备。

(5)设备到货，入库保管。

(6)与商家预约，进行设施设备的安装调试。

(7)安装调试完毕后，及时办理设施设备的移交、入账和建档手续。

(8)对岗位员工进行具体使用方法的培训。

(9)制订体育赛事期间的设施设备管理计划。

2. 体育设施设备技术改造程序

(1)为确保比赛安全和赛事的顺利开展，赛事期间，应对体育设施设备进行随时检修，及时发现并处理问题。

(2)召集设施设备改造研讨会，邀请管理人员、使用人员、工程技术人员一同参加，并为设施设备的改造制订方案。

(3)实施改造方案。

3. 体育设施设备报废程序

(1)严格执行报废制度，对以下设施设备必须淘汰：国家指定淘汰的产品；无法修复的设施设备；超过使用期限，损坏严重的设施设备；有严重安全隐患，修理费用昂贵的设施设备。

(2)办理设施设备报废手续的程序：先由使用部门对设施设备提出报废申请，再经工程部会同有关部门进行技术鉴定和确认。

二、大型体育赛事物力资源管理内容

(一)体育场馆的管理

体育场馆是发展体育的场馆设施,是体育赛事举办和体育活动开展的重要场所。

体育场馆的管理是指对体育场馆的人力资源、物力资源、财力资源等的管理。体育场馆的管理中包含了经营的内容,包括管理系统内部的管理和管理系统与外部环境的关系管理。主要任务是放大系统功效和科学决策。[①] 体育场馆的管理是一项长期、细致、艰巨的工作。

1. 体育场馆的规划管理

大型体育赛事举办往往需要对体育场馆进行新建和重建,尤其是举办奥运会赛事,需要一个体育场馆作为赛事的主要场馆。这些主要的体育场馆也会成为赛事的标志性场馆,并在赛后继续发挥着体育旅游和体育文化功能。例如 2008 年北京奥运会的"鸟巢""水立方",2012 年伦敦奥运会的"伦敦碗"。

(1)总体规划。大型体育赛事的举办有时需要多个场馆的建设,这就需要在体育场馆的总体规划方面,注重运用"集中与分散相结合"的空间布局。"集中与分散相结合"的空间布局,兼有集中式布局和分散式布局的优点,能较好地兼顾举办体育赛事时的比赛要求及赛后的使用要求。

(2)单体建筑。体育场馆单体建筑应考虑以下几点要求:

①主空间的多功能性,加大比赛场地的尺寸、增加设备,以适应各种体育项目的比赛和训练的需要,同时考虑各种活动(如演出、集会、展览等)使用的可能性。

---

① 万来红.体育场馆资源利用与经营管理[M].武汉:华中科技大学出版社,2010.

②考虑附属空间的多种经营，如设置餐饮、商业、娱乐、住宿等用房。

③体育设施的灵活性，如设置移动地面、活动座椅、灵活隔断、开启式屋盖等。

④扩大使用对象。体育场馆的建设不仅可以供体育赛事、体育训练使用，还可以为群众的日常健身提供活动场所，扩大使用对象。使体育场馆可供专业运动员、普通大众、残疾人、老年人使用。

2. 体育场馆的日常管理

体育场馆的日常管理工作非常繁杂，而且有很多工作是周而复始的。一位场馆工作人员每天的工作有很多是重复前一天的事情，需要每天打扫同一个地方，巡视同一块场地，收拾同一件物品，检查同一批器材，单调重复的工作使工作人员很容易产生视觉、精神疲惫，对工作失去激情，最终导致工作质量的下降。因此，体育场馆往往要建立一个配套的管理制度，使体育场馆工作人员的工作制度化、常规化，实行岗位责任制。把工作的质量以制度的形式规定下来，一切照章办事，有效保证了体育场馆的正常管理秩序和内部运行效率（表 7-1）。

表 7-1　体育场馆人员工作的日常管理制度

内容	说明
组织规则	企业各直线部门、职能部门、各层级之间的权责结构。指挥、服从、监督、保密协定等规定
时间规则	作息时间、考勤办法、请假程序及办法等规定
岗位规则	劳动任务、岗位职责、操作规程、职业道德等规定
行为规则	语言、着装、行为举止、礼仪礼貌等规定
协作规则	工种、工序、岗位之间的关系，上下层次之间的连接、配合等规定
其他规则	根据企业自身情况依法制订

3. 体育场馆的经营管理

体育场馆的经营管理是实现场馆创设和高效化合理化利用的重要基础。体育场馆的经营管理主要包括对以下几方面的经营管理：

(1)有形资产经营管理。包括承接大型活动的项目设置，大型活动场地租赁价格的制订与推广、租赁合同、保障流程，以及体育赛事、文艺演出、会展的场地服务与保障。

(2)无形资产经营管理。包括场馆广告、场馆冠名权开发等。

(3)商业物业经营。包括业态分布规划、物业租金价格的制订、招商推广、租赁合同等。

(4)开展群众体育活动。具体包括体育项目设置、价格制订、会员卡的设置、相关培训等。

(5)其他经营管理。主要包括超市与体育用品商店、餐饮、停车场、场馆器材租赁、体育场馆活动项目投资、体育场馆管理输出服务等内容。

(二)比赛场地的管理

1. 草坪场地的管理

草坪场地应做好如下管理工作：

(1)严格遵守草坪场地使用规定。

(2)爱护草坪和场内设施，保持场内卫生。

(3)禁止其他非赛事车辆进入草坪。

(4)根据季节和草的生长情况合理使用草坪场地。

(5)赛前(和非竞赛期间)，做好草坪场地的越冬管理。

2. 水泥场地的管理

(1)及时清扫，保持场地整洁。

(2)雨季及时清除积水，冬季及时清除冰雪。

(3)做好填充或铲除填缝料工作,保持接缝完好,表面平顺。

3. 木质场地的管理

(1)未经允许,任何单位和个人均不得进入场地内训练或活动。
(2)未经允许,场内固定器材不得移动。
(3)禁止在木质场地内进食、饮水。
(4)禁止在场内吸烟、吐痰和泼水。
(5)禁止在场内开展其他激烈的球类运动和竞赛运动。
(6)场地上的各类物品应轻拿轻放。

4. 塑胶场地的管理

(1)只允许专项训练和比赛使用。
(2)场地遇水急用时,尽快做干燥处理。
(3)禁止车辆进入和行驶,以防滴油腐蚀胶面。
(4)禁止携带易爆、易燃和腐蚀性物品进入塑胶场地。
(5)禁止在场地内吸烟和吐痰。
(6)禁止在塑胶场地上使用杠铃、哑铃、铅球、铁饼、标枪等器材。
(7)发令枪要妥善保管,以免走火损坏场地。
(8)入场地者须穿运动鞋。跑鞋鞋钉不超过 9 毫米,跳鞋鞋钉不超过 12 毫米。
(9)标志线要保持清晰醒目。
(10)做好清洗工作。
(11)做好修补工作。

(三)运动器材的管理

1. 购置

(1)在购置器材设备时,要经过细致的考评和研究,选择国家正规的体育器材生产厂商的产品。

(2)购买器材时要指派专人全程跟踪完成,以求对购买的体育产品做到严格把关。

(3)按比赛规则的要求购置体育器材。购置过程中,对体育器材应认真挑选,看其是否符合比赛规则中的有关规定,以免影响比赛、造成资源浪费。

2. 入库

体育器材购入后应分门别类进行入库存放。由于体育器材的质地和用途不同,因此特别要对某些器材予以特殊照顾。

(1)木质器材和电子器材需要放置在干燥地区。

(2)金属器材不要放置在高处。

(3)球拍和球类最好放置在专门的保管柜中。

3. 比赛管理

体育比赛期间,运动员需要使用体育运动器材、设备,要做到及时供应,方便比赛活动的开展。

为了确保赛事举办期间对比赛用具的使用者、使用方式、使用分配情况做到明确、清晰,任何人借用和归还体育器材,都必须遵守管理规定,按规定办理手续。器材管理者应做好以下工作:

(1)按时、按项目、按量把器材提供给管理责任人,不可以随意外借器材。

(2)非比赛时间使用体育器材者,应由相关部门提出申请,经负责人批准,方能借出,并要在使用完后立刻归还。

(3)当面点数检验器材,做到如数、完整、完好。

(四)设施设备的管理

1. 设施设备的维护

(1)日常维护保养工作。大型体育赛事举办期间,每日赛前,都要针对日常使用较多的设施设备,对其进行规范操作,并对各运行参数进行定时巡视记录,随时注意运行中是否有异声、振动、异味、超载等现象。

(2)定期维护保养工作。专业设备养护人员操作,检查人员协助参与。

(3)设备点检:通过各类专业技术和各个层次的工作人员的相互配合、协调,进行不同专业和不同阶段的协调检查,形成一套完善有效的体育赛事运动设施设备管理体系(图 7-2)。

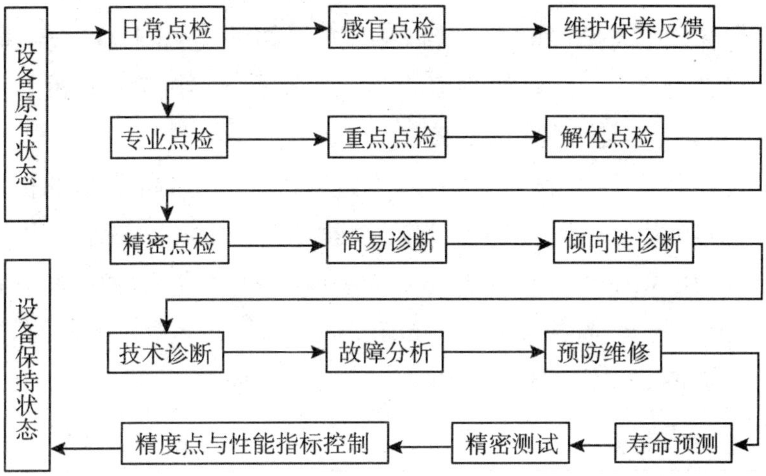

图 7-2

2. 设施设备的维修

(1)赛前日常检修

做好日常检修能有效延长体育设施设备的使用期限,适用于大多数设施设备的修理。

通常设施设备零部件的磨损都是从量变到质变的过程,设备的故障也一般都是由一些小问题而导致的。因此,体育设备在使用过程中,体育赛事场馆经营的专业维修人员应在不影响正常比赛的情况下经常巡查检测,或者在比赛间隙及时进行设备的检修与养护,只有通过日常巡查,及时对一些事故隐患进行发现和解决,才能使设备运转更加顺利和长久。

(2)赛中即时修理

体育比赛过程中,设施设备发生故障后,工作人员应当及时对其产生故障的原因进行排查并尽快修复,并做好修理记录,以便检查、验收和赛后管理工作汇总。

(五)物流管理

物流管理是对体育赛事物质资源流通的管理。随着我国大型综合体育赛事举办的日渐增多,体育物流也越来越受到重视,但还存在诸多不足,诸如物流迟缓,供需矛盾,物流成本没有分列记账,缺乏成本核算与成本控制等。[①]

大型体育赛事的成功举办,不仅需要充足和高质量的体育物质资源,还需要对体育物资进行合理调配,以确保整个赛事的顺利开展,在我国大型体育赛事中,管理者对体育物流管理重视度不够,更多地将赛事物资管理放在物资储备的多、大等方面,造成了场地资源、物资的重复配置,严重浪费了体育资源。

第二节　大型体育赛事的财力资源管理

一、赛事财力资源管理基础

(一)财力资源管理的任务

体育赛事财力资源管理的任务,主要通过对价值形式的利用,来组织财务活动,为实现体育赛事的科学商业化运作和经营任务的实现而服务。

具体来说,体育赛事财力资源管理的基本任务如下:

① 郑启龙.大型综合体育赛事物流运作策略研究[J].物流工程与管理,2018,40(10).

(1)筹集资金,满足体育赛事运作、营销、经营的需要。

(2)合理使用资金,提高资金利用效果。

(3)降低成本费用,增加赛事盈利。

(4)分配赛事资源,依法缴纳税款。

(5)做好财务监督,维护财经纪律等。

(二)财力资源管理的特征

1. 目的性

体育赛事的举办并非是某个个人或者部门的“头脑风暴”行为,而是经过长期考虑和科学调研之后的慎重决定。体育赛事活动的开展需要资金支持,尤其是大型体育赛事的开展需要政府和整个社会财力资源的调动,因此,针对体育赛事的管理必须要有明确的目的性。

从价值管理的角度来说,体育赛事的财力资源管理是一种价值管理工作,它主要通过对价值形式规划和控制体育赛事的运作与经营,从而达到提高企业效益的目的。

2. 综合性

通过对体育赛事的财力资源的有效管理,对资金活动进行合理的组织,并且处理好同各方面的财务关系,使企业各方面的生产经营活动都能有效地开展。

3. 指标特征

相较于其他赛事效益指标,体育赛事财力资源管理的指标能反映赛事的运作经营状况,因此,通过体育赛事财力资源管理的相关财务指标可以反映出赛事举办过程中的财力资源管理的许多问题,例如赛事运营决策是否正确。

(三)财力资源管理的目标

从赛事经营管理的本质来说,赛事运作过程中对财力资源的管理就是要实现赛事的经济效益的最大化,体育赛事财力资源管理也不例外,最大限度地获得经济效益是体育赛事财力资源管理的最基本的目标。

大型体育赛事规模大、参与人数多、资金支出多且流动大,财务管理不可能通过一人、一个部门、某一事项的完成就能实现,对此,可以将既定的组织管理目标分成各类管理活动的具体目标,逐步实现,最终实现财务管理最优化和最终目标(图 7-3)。

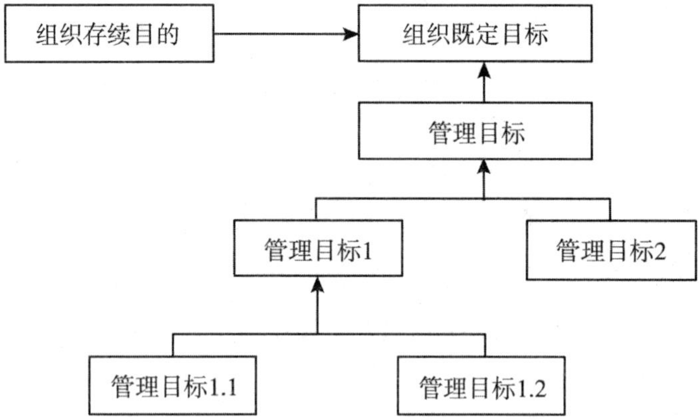

图 7-3

需要特别指出的是,体育赛事并非只强调经济效益,还要求实现社会效益与环境消耗等综合效益,因此,在财力资源管理中,在降低赛事成本、扩大赛事盈利的基础上,还要充分考虑赛事的社会、环境效益的获得,寻求赛事财力支出与分配的平衡点。

二、大型体育赛事的一般财力管理

(一)收入管理

1. 收入渠道

大型体育赛事的资金需求量大,需要充分动员各方面的资金，实现赛事资金来源的多元化。赛事收入渠道包括以下三种：

(1)事业拨款：从体育行政部门进行拨款，用于购置设备和场地建设的专项经费。

(2)社会集资：通过举办重大比赛、参加重大比赛以及场区建设等向社会各界募集得到的赞助费。

(3)自行创收：通过合法的手段提供有偿服务获得收入。

2. 收入核算

通过赛事预算，可以对体育赛事的收入有一个大体的了解。体育赛事收入与赛事类型、规模密切相关，体育赛事的类型直接决定体育赛事的收入来源，同时，体育赛事收入会制约体育赛事过程的开展。

体育赛事收入分为基本资金收入和营销收入两大类。根据预算的性质和作用，体育赛事预算与财务管理的过程具体如下：

(1)明确体育赛事的目标和环境。

(2)明确体育赛事任务。

(3)建立体育赛事预算。

(4)对体育赛事现金流动控制和对最后结果进行评价和反馈。

整个赛事的收入核算及财务管理过程各环节及其之间的关系如图 7-4 所示。

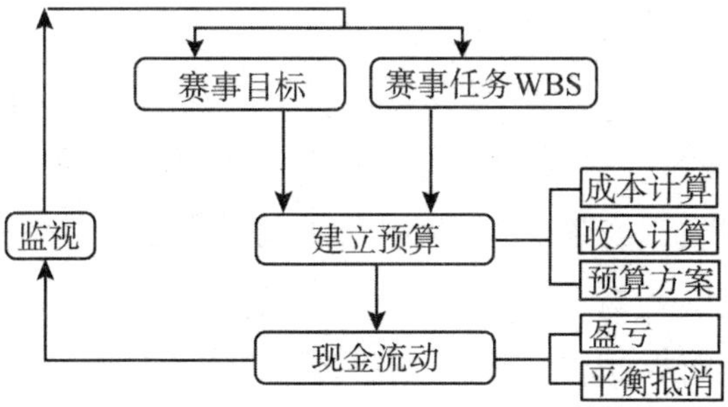

图 7-4[①]

① 顾跃，何兵雄．高尔夫赛事组织与运作[M]．长沙：湖南人民出版社，2013.

3. 现金及票务管理

大型体育赛事举办期间，资金往来较多，而且涉及不同形式的资金业务处理，财务人员应做好相应的现金与票务处理。

(1)收纳人员应对赛事营业款负全部责任。

(2)开启收入保险柜的两把钥匙，一把由出纳员随身携带保存，另一把由财务部经理保存。

(3)经营专用的有价票据、发票、防伪标志等，由票据管理员专人负责管理。

(4)票据管理员必须准确记录票据的领取、发放和存余的数量并要保证有价票据后期制作符合标准(盖章清晰，防伪标志粘贴牢固)。

(5)监查人员要加强核查，定期对票据检查盘点。

(6)及时收回、整理、存放使用过的发票存根。

(7)处理过期废票。

(二)支出管理

1. 支出渠道

大型体育赛事需要大量的体育资金消耗，很多方面都需要用到资金。对此，体育赛事财务管理人员应做到心中有数。

一般来说，大型赛事的日常资金支出主要有如下几种：

(1)日常费用：主要用于课外群体活动、运动队训练与比赛、图书资料的添置、正常体育教学的维持、场地器材维护等。

(2)器材设备费用：用于购买一些大型的器材设备。

(3)专项建设费用：用于体育场馆的建设。

(4)办公费用：用于体育管理机构的日常办公。

(5)竞赛费用：添置器材费、组织编排费、裁判劳务费、奖品费等。

(6)其他费用：用于赛事工作人员的酬金补贴和后勤经费。

2. 支出计划

大型体育赛事的费用支出是按照经营规模、经营体制等方面的不同来分别进行制订的。

在赛事开展过程中，大型体育赛事应实现组织专门机构，或者委托其他财务组织拟定赛事支出计划。同时，结合赛况实际，体育赛事会应授予赛事委员会财务管理人员对计划内费用支出的审批权限。

3. 支出标准

赛事管理领导者和财务管理人员为了便于掌握支出，在制订支出标准时，应根据不同类型体育赛事的实际情况来确定。

（三）财务控制

大型体育赛事的体育资金管理需要提前进行财务预算。财务控制是始终贯穿于整个体育赛事的运作过程的，包括财务报告、财务比例分析以及收支核算等，在体育赛事结束之后应该有财务结算以及评价。

财务控制应贯穿体育赛事的整个过程，在事前、事中以及事后都应该严格执行。

1. 成本核算

赛事成本核算包括以下两类赛事成本的核算：

（1）固定成本：体育赛事的固定费用，不论有多少人参加，赛事都必须要支出的不变花费。

（2）变动成本：与参加人数量有关的花费，如住宿、交通、餐饮等都会随人数的变化而不同。成本与体育赛事规模联系密切（表 7-2）。①

---

① 顾跃，何兵雄. 高尔夫赛事组织与运作[M]. 长沙：湖南人民出版社，2013.

表 7-2 体育赛事成本支出清单表

赛事计划、组织	赛事实施	赛事风险	赛事营销与沟通
工资	裁判员/参与者	税收	互联网
会计/审计	资格审查/注册/住宿	保险	新闻中心
银行汇率/利息	奖品/奖金/仪式	法律	复印
会议	设施设备	其他……	出版/手册/传单/节目
邮费/快递	场地		标志/广告牌
印刷/影印	医护和药检		成绩公告系统
计算机	其他人员(引导员/安检员)		计时/计分系统
电话/传真	参赛人员服饰		双向通信
其他……	废物处理		其他……
	其他……		

2. 财务报告

财务报告是对赛事财务的一个汇总与整理。通过财务报告，可收集各个方面汇总会计信息，能为以后体育赛事的财务管理提供参考。

为很好地控制成本和实现创收，现代体育赛事运作机构都非常重视在赛后制作该年度的财务报表来了解赛事的经营状况。此外，根据相关法律规定，体育赛事运作机构必须公开一份财务内容广泛的详细年度报告，这也是赛事外的观众了解体育赛事财务状况的重要途径。

当前常用的体育赛事财务报告主要有以下两种：

第一种是赢利与亏损报告。赢利与亏损报告能清楚地显示赛事运营过程中(一段时间内)的收入、支出以及纯利润，标题应该包括体育赛事运作机构名称、报告类型以及报告所跨的时间范围。报告的内容具体包括特定时间内的现金交易与贷款交易。此外，体育赛事的赢利与亏损报告中的财务管理信息是经营决策活动非常重要的一项内容，它反映了体育赛事的组织水平。体育赛事的赢利与亏损报告可充分体现赛事的纯利润水平。

第二种是资产负债报告。资产负债报告显示了体育赛事运作机构在某个特定日期的财务状况，如资产、债务、物主产权等内容。目标是争取到充足的年度资金以能够利用市场与对手竞争，有效地处理好资产负债状况，增加赛事收入。资产负债报告能够有效防止现金消耗殆尽这一类问题的发生，能够很好地保证现金流入到商业运营之中，而不被其他的体育赛事运作机构随便利用，同时，还有助于避免赛事组织机构出现短期投资或者债务偿还能力降低等情况的出现。

3. 财务比例分析

比例分析，是一种统筹分析方法，具体是指一种比较方法，它采用简便的理解和操作形式(通常为百分比)进行关系比较。

经过对比分析，有助于更加直观地了解比较项之间的差距与不足，如此便可以在接下来的工作中做到有针对性地安排各项工作。体育赛事常见的财务比例分类见表 7-3。

表 7-3 体育财务比率表现

财务比率	公式计算	比率解释
流动性比率	—	说明商业中的流动资金和流动状况以及如何高效地利用特定的流动资金，如债权人、债务人和股票资金
流动性比率	流动资产/流动债务	流动资产与流动债务之间的比例关系
速动比率	(流动资产－存货)/流动负债	只利用能够迅速兑现的流动资金而不利用存货
盈利率	—	说明销售利润或商业运作资金所产生的利润
边际利润率	净利润/净销售	销售所产生的利润百分比
资产周转率	净销售/总资产	资产用于销售的情况
资产回报率	纯净利润/总资产	利润占资产的百分比
资产权回报率	净利润/总产权	投资方获利的情况

（四）内部稽核

内部稽核是财务管理的重要内容，具体包括稽核工作的组织分工、稽核工作的职责与权限、审核财务账簿和报表等方面的内容。

为确保赛事的正常合法运作，赛事财务人员应切实做好以下稽核工作：

（1）审核财务、成本等计划指标是否合理。

（2）审核财务收支是否合理、合法。

（3）审核财务账簿、财务报表等内容是否符合国家法律要求。

（4）审核内部各项财产物资的使用是否合理。

三、大型体育赛事的赞助管理

体育赞助是指企业与体育组织（被赞助者）联姻，企业向体育组织提供资金、实物或劳务等支持，体育组织则以广告、冠名和专利等无形资产作为回报，使两者达到平等互利、共同得益的商业活动。

大型体育赛事的资金需求大，政府的资金压力大，更多时候是通过赛事赞助来获取资金的。赛事的赞助管理是体育赛事财务管理中重要的经济行为和工作内容。

（一）赞助成本评估

从赞助商的角度来看，赞助商投资体育赛事并非单纯的资金投入，而是希望通过体育赛事的举办获得一定的回报（经济、社会效益等），因此，赞助商对体育的赞助活动必然有其自身的投入—回报之间的权衡，不可能无限制地赞助体育赛事，对赛事赞助是有一定的投入控制的，从某种程度上说，赞助商的赛事赞助是一种广告投资。

现阶段，随着体育赛事规模的不断扩大，赛事举办所需要的经费越来越多，因此对于赞助商来说，不得不考虑赛事的实际投入与产出效益之间的比例关系，这也是体育赛事评估的重要意义所在。

成功的赞助策略是可以创造产品销售，增加公司盈利的。简单来说，如果赞助商得到的是一个不公平交易，那么就会对投资失去兴趣，或者通过赛事换取更多的赛事控制权，包括体育运动赛事在内的所有体育赛事就是为赞助商的根本利益而存在的。赛事经营和组织管理者与赛事赞助者之间的利益博弈，是始终存在的，二者通过具体赛事运作的商榷，最终促进共赢。

从世界范围内的体育赛事赞助情况来看，体育赛事赞助活动缺乏连续性。赞助商往往会从体育赛事赞助中撤离。这些收入的不稳定性会严重影响体育赛事管理机构。同时这种不稳定性也说明，体育赛事管理者和赞助商都应慎重对待赛事赞助。

从我国体育赛事赞助现状来看，我国体育赛事赞助本身就比较难以实现连续性，此外，还存在一个显著问题：当前，我国体育相关法律，对烟草、彩票和酒类等的商品企业的赛事赞助是限制的，如烟草赞助已在体育赛事中消失。目前，对于彩票和酒的赞助，由于要充分考虑成本问题、政策法规情况，对体育赛事赞助基本也持观望态度。

随着现代体育赛事市场的不断发展，体育赛事赞助成为赛事管理的重要内容，赛事赞助成本控制是赛事管理者与赞助商之间的“市场博弈”。为了更好地吸引更多赞助商，扩大资金来源，赛事管理者也开始不断推陈出新，尝试更多赞助形式，以为赛事赢来更多的赞助机会。

（二）赞助收益评估

针对体育赛事赞助，不同的赞助商对赞助收益的评估侧重点不同，只要赞助商觉得“物有所值”，就能实现体育赛事的持续赞助。

因此，为了更好地获得赞助，体育赛事的运营和管理者会针对不同赛事赞助商的赞助收益进行收益评估，或者请专业机构承包收益评估工作，并以具体的收益评估报告来说明赞助商可能获得的收益情况，以数据来打动赞助商进行赞助。

赛事赞助效果评估正是给赞助商提供了一个可见的效益参考，这不仅表明了赛事赞助效果评估的必要性，也说明了赛事赞助收益评估的重要价值。

体育赛事不同于一般的市场经济行为，体育赛事兼具经济性与社会性，因此，体育赛事的赞助不能仅仅考虑赛事经济效益，还要考虑赛事社会效益。在争取赛事赞助的过程中，要充分考虑到赞助方的要求，同时也要兼顾体育赛事的社会公益性，不能为了拉赞助而摒弃赛事社会效益的实现。

在当今体育事业发展的社会、经济、文化背景下，要促进体育赛事活动的科学开展，要对休闲体育活动各种功能效益、社会效益、经济效益、城市效益等做出整体、综合的考虑，就必须使其发展的科学因素和价值因素有机结合起来，实现赛事综合效益的最大化。

第三节 大型体育赛事的人力资源管理

一、赛事人力资源管理基础

（一）人力资源构成

一般的，体育赛事人员构成如下：

1. 赛事工作人员

（1）官员/裁判员。

（2）财务人员。

(3)志愿者。

(4)引导员。

2. 赛事相关人员

(1)安保人员、服务员。

(2)医护人员。

(3)赞助商推广/集资者、娱乐演员、清洁员。

(4)VIP 贵宾接待员、摄影师广播员/MC/评论员。

(5)媒体联络员、维护/修理技/技术工。

(二)人力资源类型

根据不同的分类可以对体育赛事人员进行分类，具体参考表 7-4。

表 7-4 体育赛事人员分类

分类标准	人力资源类型
根据资源能级分类	高级人力资源 中级人力资源 初级人力资源
根据工作性质分类	体育技能型人力资源 体育教育型人力资源 体育管理型人力资源 体育科技型人力资源
根据能力特点分类	竞争型体育人力资源 创造型体育人力资源 再现型体育人力资源
根据技能程度分类	全面型体育人力资源 专门型体育人力资源

(三)工作人员招聘

1. 制订招聘计划

大型体育赛事需要大量的人力资源投入。在赛事开始前,这些人力资源分布在体育行业以及社会其他行业中,要承办一场成功的体育赛事,就需要招募大量的体育赛事工作人员,应结合赛事需要提前制订赛事人力资源招聘计划。

大型体育组织的招聘渠道较为正式,范围也较大,其工作分析和环境审核也是较为正式和全面的。在体育赛事人力资源招聘中,所要招聘的职位特征、工作时间限制以及所能调动的招聘资源等都应该充分得到考虑。

合理制订体育赛事工作人员招聘计划应做到以下几点:

(1)通过不同岗位的人员分布情况,同时结合历史数据,对人力资源配置方案进行初步确立。

(2)分析已有赛事人力资源信息,拟定人员需求清单。

(3)通过内部招聘或者外部招聘推动招聘计划工作开展。

2. 发布招聘信息

在招聘信息发布工作管理过程中,应明确招聘时间计划(表 7-5),并提前考察与基本确定招聘信息发布渠道。

表 7-5 招聘流程及时间计划表①

顺序	招聘的阶段	时间(天)
1	发布信息——预约面试	6
2	预约面试——面试结束	6
3	背景调查——录取审批	6
4	通知——人员报到	13
5	组织新员工培训	15

① 谈群林. 体育场馆经营管理实务[M]. 广州:华南理工大学出版社,2011.

可通过以下渠道发布体育赛事人员招聘信息：

(1)寻找体育赛事初级职员，通过拜访体育管理专业的毕业班方式(学院/大学校园)进行招聘，这种招聘方式和途径十分高效。

(2)借助主流的媒体(电媒、纸媒、网络平台)刊登相应的招聘广告是一种招聘高级管理人才的好办法，但需要较高的费用。现阶段的体育人力资源招募工作表明，在体育专业报刊刊登广告所需费用相对低廉，但由于其覆盖面较为狭窄，浏览量相对较小，效果并不理想。

(3)在网络媒体发布赛事人员招聘信息。随着现代网络技术的快速发展，通过网站来对体育赛事管理专业人才进行招聘的方式已被广泛使用。

3. 组织面试

一般来说，体育赛事人员的面试包括以下三个阶段：

(1)笔试：对应聘者的文化素质水平进行一个初步的了解，并通过筛选，成绩合格者进入初试阶段。

(2)初试：以面试为主，主要通过面试官精心准备的问题，对应聘者的心理素质、社交能力进行考察，进入复试与最终录取的人员比例为(2～3)：1。

(3)复试：由人才需求的部门领导对应聘者与应聘岗位的适应度进行进一步的考核，最终确定适合的人选。

4. 员工选聘

通过多轮面试之后，最终确定人选，并结合赛事需求和人才特点进行工作岗位分配。

需要特别指出的是，由于应聘阶段的几个过程只能看到其一方面的表现，可能与实际情况不符，这就需要对员工进行相关调查，然后再确定是否录用。

此外，在员工正式选聘前组织员工体检。

5. 入职培训

对确定录用的员工结合其岗位进行培训，以使其能更好地投入体育赛事的组织、管理、服务中去，促进体育赛事各项工作的顺利开展。

(四)赛事志愿者招募

1. 志愿者招募要求

(1)明确志愿者数量与岗位要求。

(2)提供申请、面试、培训等具体的活动程序，提供具体的时间序列以及认证、服装、交通等其他特殊事项。

(3)注明招募与甄选的志愿者标准。

(4)组织各种宣传活动，以吸引更多优秀的人参与赛事志愿者中来。

2. 志愿者招募方式

现阶段，就我国体育赛事现状来看，体育赛事志愿者招募主要有以下三种方式：

(1)通过政府来组织动员。

(2)通过社会来进行招募。

(3)直接面向社会招募。

为了确保足够数量和较高质量的赛事志愿者应聘到岗，赛前，赛事管理者应积极做好准备与沟通工作，与各类社区服务组织、社会团体、各级院校、职业介绍中心等团体机构进行密切联系和合作，以顺利完成赛事人员招募工作。

3. 志愿者培训

根据不同的标准来对培训的形式进行划分，可以将赛事志愿者的培训分为很多种形式。根据体育赛事志愿者管理的特点，可将培训划分为以下三种：

(1)离散阶段培训模式。

(2)整合阶段培训模式。

(3)聚集阶段培训模式。

二、大型体育赛事人力资源管理内容

(一)劳务关系管理

1. 劳动合同管理

劳动合同是劳动者与赛事组织和管理机构之间建立劳动关系的必要文件，劳动合同应在合同各方协商一致、平等自愿的基础上签订。

就我国来说，我国《劳动法》明确规定，员工入职前必须签订劳动合同，在合同有效期可以通过协商对合同条款进行变更。需要对劳动合同进行变更时，申请方必须提前30日提出申请。

2. 工作纪律管理

体育赛事举办期间，赛事组织和管理机构制订科学的纪律制度，可以提高员工的工作效率。

对于赛事人力资源管理者来说，必须清楚地认识到，制度面前人人平等，不允许有特权的出现。在赛事组织和管理机构的人力资源管理中，必须对违反企业管理制度的员工进行惩罚。对于一些触及法律的违规行为(如贪污、受贿、故意误判等)，应严惩不贷。

3. 员工沟通管理

人性化的管理可激励员工更加积极主动地完成本职工作，可实现体育赛事各项工作的高效完成。体育赛事人力资源管理者必须定期与员工进行良好的沟通，只有这样才能对员工的需要有所了解，使员工有目标和归属感。

而对于在试用期或刚转正的新员工，也应及时与他们进行沟通。主要从员工的工作态度、知识技能、考核成绩等方面进行沟通，帮助指出其优缺点和提出改正意见，同时，积极关注员工的建议和希望。

对工作有调动的员工，在调动前，管理者也应与员工进行积极的沟通。主要对工作调动的原因和目的进行解释和说明，并认真听取员工的意见，对新岗位的工作内容进行详细的介绍和相关的帮助，以促进员工更好地投入新工作中去。

4. 解决劳动争议

对于任何一个个人和组织部门来说，解决劳动争议任何有效的措施，都比不上没有劳动争议的发生，由此可见人力资源管理的重要性。

任何组织和管理机构在管理上都会出现一些劳动争议现象，严重的可出现对峙法庭的情况。体育赛事举办期间，人员复杂、工作繁杂，各种劳动关系问题的出现也不可避免，在对劳动争议进行处理时，要真诚、积极、主动。

在体育赛事组织和管理机构的人力资源管理过程中，赛事组织和管理机构应该对劳动合同不断进行完善，避免出现争议。

（二）薪资福利管理

体育赛事经营时，除了与员工建立“契约关系”外，还需要做好各类工作人员的各项福利措施。良好的福利策略，可以体现出体育赛事经营的人性化管理，提升员工的向心力和忠诚度。

体育赛事人力管理中，员工福利管理可参考表 7-6。

表 7-6　员工福利类别

类别	目的	举例
经济福利	减轻员工负担,激励员工	住房、餐饮、交通的补贴等
特权福利	增加员工特权,增强荣誉感,提高员工主人翁意识	活动门票、场地免费使用次(卡)、优惠折扣
娱乐福利	增进员工交流,促进员工身心健康,增强团队感情	举办运动会、员工生日晚会、组织文娱活动
服务福利	关心员工健康与职业发展,体现关怀	身体检查和外派进修、疗养
设施型	提供后勤保障	员工食堂、员工宿舍、茶水间、阅览室等

(三)管理人才储备

体育赛事的举办是一个相对短期的行为,但是也不可避免地会出现赛事期间部分员工无法到岗或者离岗的情况,因此,体育赛事组织管理人员还要对体育赛事运作过程中重要岗位人员的流失情况进行考虑。为了避免因人员流失对体育赛事本身造成不利影响,在对申请人进行招募的过程中,组织部门还要从中预留出一定比例的后备人员,以防止因人员流失而导致赛事工作无法开展的情况出现。

(四)管理人才培养

市场经济条件下,体育产业的发展离不开体育经营与管理人才的培养和在体育产业中切实发挥指导、决策、控制、调控作用。体育产业经营与管理专业的人才培养结构体系,需要立足市场发展需求,进而全方位的建立。

体育赛事人力资源的管理中对人才的培养应满足当下需要,又要尽可能地将目光放长远,培养优秀的体育人才。具体来说应做好以下人才培养工作:

(1)强化知识结构。强化体育经营管理人才的专业知识结构,强调专业人才的动态管理能力提高、强化人才体育控制能力,同时,掌握法律、数学、人文、饮食、医学等众多方面的知识。[①]

(2)加强人才的技术能力。提高人才的通用技能,加强人才信息获取能力、人际交往能力等。

(3)加强决策、组织协调等能力。强化经营管理人才的领导艺术、员工协调能力,强化风险预测与管理能力。

第四节　大型体育赛事的后勤管理

一、体育赛事赛前的后勤管理

(一)比赛场地准备

1. 比赛场地考察

(1)了解场地基本信息。如地理位置、交通状况。

(2)了解场地硬件设施。包括场地基本配套设施和特殊比赛所使用到的特殊体育设施设备。

(3)了解场地软件设施。如球童、球车、淋浴室、更衣室等。

(4)了解球场服务设施。包括设备设施的配合和人员的使用与配合。

2. 布置赛事场地

比赛场地布置工作非常重要。赛事场地布置包括以下内容:

体育赛事期间,会举办一些相关活动,如欢迎晚宴、颁奖晚

① 王玥,徐昱枚. 探析体育管理控制人才培养[J]. 体育风尚,2018(7).

宴、新闻发布会、各类会议等，对于这些环境的合理布置，是体育赛事后勤的重要工作。具体来说，主要负责布置各项装饰品和摆设，查看是否已到位，摆放是否合理、协调，文字图案是否错漏，数量、强度是否合乎要求等。

此外，体育赛事举办期间，还需要在一些空地或开阔区临时搭建场地。对于赛事的临时建筑物，场地的确认要非常慎重，不要随意更改。

3. 体育物资管理

体育赛事相关设施、设备的供应，是后勤保障中非常重要的部分，是体育赛事举行的基础，应在赛前及时准备好。

对于体育赛事的成功举办来说，体育场馆布置非常关键，体育场馆布置工作结束后，还要对整个工作复查一遍。每个体育场馆都有自己的特点，每次赛事都有不同的要求，不会一模一样，一般来说，体育场馆布置工作越充分越仔细，赛事的效果就越好。

4. 与人员有关的场地场所安排

体育赛事开始前，应落实运动员、裁判员的住宿、用餐、沐浴、交通和安全保卫工作，监督运动竞赛预算执行情况。

（二）赛前试运转

赛前试运转作业操作可以确保赛事后勤工作准备的万无一失，对于正式比赛的开展来说是非常重要的一个准备工作。

大型体育赛事前的试运转工作主要包括以下几个方面的内容：

（1）开幕式、闭幕式的活动彩排。

（2）赛场体育设备设施的调适。

（3）人员配备的岗位确认和候补人员确定。

（4）应急预演，如观众的紧急撤退。

（三）准备赛事文件

体育赛事筹备期间，为了明确分工合作，赛事后勤应准备好赛事的各类文件，具体如下：

（1）比赛时间表。

（2）当地赛事规则。

（3）赛事相关人员安排。

（4）赛场赛事标识、标示牌等。

（5）赛事记分牌、记分卡、计分方法。

（6）第一发球台赛事协调人及职责。

（7）赛事练习场协调人及职责。

（8）赛事过程中特别活动安排、礼品提供。

（9）颁奖形式、嘉宾、媒体报道。

（10）赛事收尾工作要点。

二、体育赛事期间的后勤管理

（一）嘉宾安排

对于体育赛事期间的一些重要活动的举办，要做好嘉宾的到达、接待、送别工作。特别是在颁奖典礼场合，应明确嘉宾的名称、排序和对应的活动（如讲话、颁奖等）和人员，避免出现差错。

（二）开幕式

1. 开幕式的程序

（1）宣布开幕式开始。

（2）裁判员、运动员入场。

（3）奏乐（国歌、会歌）升旗。

（4）领导人致开幕词。

(5)运动员、裁判员代表讲话(或宣誓)。

(6)裁判员、运动员退场。

(7)开幕式表演开始。

(8)宣布开幕式结束,比赛开始。

2. 开幕式的管理

为了保障开幕式的成功举办,一般应成立开幕式临时指挥系统,负责控制、指挥开幕式各项活动准确、顺利进行。

大型综合性运动会的开幕式工作复杂,现场临时指挥机构一般由大型活动部牵头,组委会及其他部门临时选派有关人员配合组成。根据需要可在总指挥部下设分指挥部进行具体事务的管理。

(三)竞赛节奏

在体育赛事举办期间,要合理把控比赛节奏,使整个比赛做到不疾不徐,张弛有道。具体应做好以下组织管理工作:

(1)参赛人数。体育赛事举办期间,要注意不同赛场、赛次之间的参赛人员的上场、退场。

(2)更衣室、冲凉间同时可容纳的人数,做好人员分配使用。

(3)竞赛结束后的宴会、颁奖典礼的交通和时间安排。

(4)巡场员应做好巡场,以科学控制竞赛节奏。

(四)成绩统计

成绩统计是体育赛事活动中一个非常重要的工作。成绩统计应做好每个运动员的各个场次比赛的统计,还要做好运动队的团队成绩统计,并做好不同比赛项目的成绩汇总,大型综合赛事还应做好各个国家和地区的成绩汇总。

大型体育赛事的成绩统计是非常繁重的工作,工作人员应认真对待,确保比赛成绩的客观、公正、公开,同时,成绩统计人员彼此应做好及时沟通,便于成绩的实时播报与汇总。

（五）竞赛纪律

1. 竞赛人员比赛纪律管理

竞赛纪律的管理工作执行内容及标准可参考《关于争取赛风根本好转的决定》和《关于违反〈全国体育竞赛赛区工作条例〉的纪律规定》的相关规定。

2. 禁用药物和方法的管理

（1）严令禁止、严格检查、严肃处理在体育运动中使用兴奋剂的行为。

（2）国家体育总局对全国的反兴奋剂工作实行统一的领导，由中国奥委会反兴奋剂委员会组织实施，各级体育行政部门、各有关体育组织和体育事业单位应有相应的机构或指定专人负责管理本地区、本系统、本单位的反兴奋剂工作。

（3）禁止运动员以任何形式或理由使用兴奋剂。

（4）运动员应接受竞赛内和竞赛外的兴奋剂检查。

（六）观众管理

1. 观众入场管理

在体育赛事中，观众是陆续抵达比赛现场的。由于体育球场多在市郊，大批观众会选择自驾车前往，这就为赛事的交通管理提出了较高要求。

大型体育赛事期间，应在赛场周边规划出充足的停车场地。在体育竞赛的场区，应有专门人员引导观众停车及入场，避免发生拥挤和交通堵塞。

2. 赛场内观众管理

体育比赛过程中，观众的一些行为可能会影响到比赛的正常进行，对此要加强赛场观众的管理。

一般来说，在体育赛场内，当比赛紧张激烈或明星球员出场时，观众情绪激动，易引发人群的拥挤、骚动，产生安全隐患。而观众的喧哗、拍照等会影响球员比赛。另外，比赛过程中可能发生意外，如球迷被球击中受伤。因此，赛场球道周边要做好隔离，安排人员维持秩序。

3. 观众离场管理

赛事结束后，为避免拥挤和观众受伤，应做好观众离场引导工作。

（七）闭幕式

大型体育赛事的闭幕式具体包括以下内容（不同规模赛事在时间和内容上会有一定的出入）：

（1）宣布闭幕式开始。

（2）裁判员、运动员入场。

（3）宣布比赛成绩和获奖者名单，发奖。

（4）致闭幕词、宣布大会闭幕。

（5）闭幕式表演开始。

（6）宣布闭幕式结束。

（八）应急处理

体育赛事的正常开展受多种因素的影响。赛事开展过程中可能发生各种各样的问题和事件，有些可以预测，有些不可预测，对此，都要做好应对预案，及时、快速、正确处理。

三、体育赛事结束后的后勤工作

大型体育赛事的各项比赛结束后，赛事组织管理工作并没有结束，还需要做好赛后的一些收尾工作。

（一）媒体沟通

体育赛事结束之后，要召开相应的新闻发布会。赛事后勤组织和部门应做好新闻发布会的会场布置和媒体接待。

赛事组织管理者与媒体沟通，最重要的是要拟定新闻稿，通稿起草应注意以下问题：

（1）新闻通稿应根据体育竞赛活动的主旨和组织情况事先拟好，空出新闻发布会当天的部分，如天气、参赛人员、赛况、赛果等，及时填补最新信息，并在媒体离场前发出，不致贻误最佳报道时机。

（2）新闻稿可以适当详细一些，以利于媒体全面掌握情况。

（3）出稿应有针对性，注意不同媒体（电视、报纸、网络）的新闻稿的区别。

（4）新闻稿应符合媒体报道立场，不过于渲染，不过于商业化，少带感情色彩，适合媒体刊载使用。

（二）物资处理

体育赛事结束后的物资处理工作及注意事项如下：

（1）根据体育赛事物资管理相关规定逐步开展物资处理工作。

（2）做好赛事富余物品，如食品、礼品、宣传品等的归类、转交，以便赛后继续使用、下次赛事使用、再次销售。

（3）不可以或无法再使用的，如某些一次性的装饰品、宣传品等，可在财务监管下先进行拆卸。

（4）不可回收物资，应集中作为废品处理或者销毁。

（三）资料归档

除竞赛活动的新闻档案外，还有一些其他的文字和图片、宣传品、竞赛组织方面的文件等资料，也需要收集整理，归档保存，以便查阅。

(四)赛事评估

体育赛事评估是对体育赛事的运作与管理过程的总结与评价。主要包括以下几个方面内容的评估:

1. 体育赛事竞技水平的评估

竞技水平是体育赛事评估的核心,体育赛事的竞技水平直接反映体育竞赛的水平,因此,对于体育赛事竞技水平的评估非常重要。一般的,主要是对运动员的竞技成绩进行评估,通过纵向比较和横向比较进行分析。

(1)纵向比较:与历史上同类赛事的竞技水平进行比较,分析是否有大的提高或降低。在对体育赛事竞技水平进行比较、分析、评估的过程中,是否打破历史同类项目成绩是一个非常重要的衡量竞技水平的指标。

(2)横向比较:与当前国内外同类优秀运动员的竞技水平进行比较,分析是否有提高或降低。

除了赛事项目的纵向和横向比较,还要对体育赛事的整体竞技水平进行综合性的评估。

2. 体育赛事经济效益的评估

随着竞技体育职业化和商业化发展的日益加深,体育与经济二者之间的关系日益密切。现代竞技体育蕴含诸多经济因素,体育赛事举办也不例外。体育赛事的举办是一个庞大的系统工程,它会涉及多方面的经济合作,能够产生明显的经济效益,对于举办城市(地区)经济的发展具有重要的推动作用。

体育赛事的经济效益是评判体育赛事是否成功的重要标准之一。

对体育赛事的经济效益进行分析的方法有很多种。目前,我国在此方面的评估多停留在定性分析上,缺乏系统的定量指标。国内的赛事评估方法见表 7-7。

表 7-7 常见体育赛事经济效益评估方法

评估方法	评估角度与层次	优缺点
投入—产出分析法	从宏观上研究赛事的直接和间接经济影响	优点：提供一个相对准确的量化、可比较的结果 缺点：需要采集大量的数据，数据较难获得
成本—收益分析	从长期、发展的角度评估对象	优点：应用领域广、操作方便 缺点：评估标准只包括定量分析因素，不包括非定量分析因素，评估可能不准确
金融数学方法	研究赛事投资、决策、可行性等微观问题	优点：便于纵向比较 缺点：只能对纯粹的现金流、直接可定量因素进行评估，不涉及非定量因素
社会福利影响分析	多用于政府相关评估	优点：评估全面，操作简单、适应性强 缺点：缺乏理论基础，资料难收集
网络图分析法	估算体育赛事的长期影响	优点：注重实效，容易实施，很好阐述 缺点：表现形式复杂，只适用于特殊地区赛事评估

3. 体育赛事政治效益的评估

(1)分析赛事对举办地居民有什么影响。

(2)分析赛事对举办地组织和社会有什么影响。

(3)评价体育赛事对举办地的人口、健康、安全、教育、文化娱乐、风俗习惯和社区凝聚力等方面的影响。

4. 体育赛事社会效益的评估

体育赛事的评估要充分考虑各赛事主体的利益，在实际的运作过程中，应根据评估的目标和利益主体的评估需求来确定赛事评估内容。评估以定性评估为主。

针对不同评估需求者，评估关注的具体内容不同。

就主办单位来说，更关注的重点是赛事自身的发展：项目发展目标是否达到；竞技水准相较以往是否有进一步的提高；参赛队伍的数量和水平有何变化等。

就赞助商来说，更关注体育赛事的经济收益——现场观众数量、媒体报道情况、电视转播覆盖范围、转播收视率等，不太关注体育赛事的宏观经济效益（如就业机会创造）、政治影响。

5. 体育赛事环境影响的评估

体育赛事环境影响的评估，具体是对赛事项目对举办地自然环境方面影响的全面科学的、定量与定性相结合的论证与判断。

随着现代人对环境的日益重视，体育赛事的环境影响评估越来越得到了政府和社会体育公益组织的重视。

（五）赛事总结

1. 外部的赛事总结

通过总结竞赛活动举办所达到的效果，更深入地了解市场，了解周边环境，及时调整赛事运作策略，调整管理路向。

2. 内部的赛事总结

体育赛事组织与管理的各部门就竞赛活动分别进行总结，针对各部门及人员在活动中的表现以及问题作综合性的评价。

第五节 大型体育赛事的风险管理

一、体育赛事风险管理基础

（一）体育赛事风险管理概念

体育赛事风险管理研究是对风险管理、项目管理和体育赛事管理三者的综合研究。具体是指，针对在体育赛事组织运营管理中出现的风险进行管理。

体育赛事风险管理要结合体育赛事风险的特点并与体育赛事管理过程相适应，按风险管理的一般原则进行管理。

(二)体育赛事风险管理的目的

1. 预防风险

体育赛事风险管理的最直接的目的就是预防赛事风险的发生，降低赛事资源损耗。

大型体育赛事风险管理实践中，体育赛事运作管理机构应该根据体育赛事的具体特征准确识别出整个运作过程中潜在的各种风险，有针对性地采取有效的应对措施，避免和降低风险。

2. 应对风险

体育赛事风险的管理应该建立起完善的体育赛事风险管理体系，确定风险管理相关的各种制度、流程、策略与计划，从而保证出现风险时能够自如应对。

3. 控制风险

体育赛事风险一旦产生后，应对风险进行及时有效控制，限制和避免风险负面影响的升级或者蔓延。

4. 承担社会责任

体育赛事是一种社会活动，从人文发展角度和社会发展角度来说，体育赛事运作管理机构还应该承担一定的社会责任。赛事运作管理机构高效的风险管理能够一定程度上推动这个社会的安定与进步，科学的赛事风险应对和处理，能最大限度地减轻和消除社会负担和危害，并为社会上类似事件的处理提供参考。

(三)体育赛事风险的类别

1. 自然风险

体育赛事的自然风险,是指由于自然力(地震、暴雨、流行疾病等)的作用,造成财产损毁或人员伤亡的风险。

体育赛事的自然风险是不以人的意志为转移的且人力难以抗御的风险。

2. 人为风险

体育赛事的人为风险,是指由于人的活动而带来的风险,具体分类参见表7-8。

表7-8　体育赛事人为风险细分

风险类别	风险细分	风险举例
行为风险	现场观众风险	观众被球打伤 观众不文明行为及暴力事件 观众拥挤
	球员缺席风险	球员因伤病或其他原因无法出席比赛
	管理人员工作失误风险	因工作失误给体育赛事或赛事发展造成损失
	食品安全风险	与餐饮食品等相关的风险
经济风险	赛事赞助风险	由于经营管理不善、市场预测失误、通货膨胀、汇率变动等导致赛事相关利益群体经济损失
	赛事门票销售风险	
	赛事转播风险	
政治风险	政策风险	因种族、宗教、利益集团和国家之间的冲突,或因政策、制度的变革与权利的交替造成赛事利益相关方损失、人员伤亡
	法律风险	
组织风险	赛事各方参与赛事的动机和目标不一致	由于体育赛事组织各有关方关系不协调以及其他不确定性而引起的风险
	赛事不同部门对赛事的理解、行动不一致	

二、体育赛事风险控制

(一)防患于未然

做好防范是进行赛事风险管理的首要任务和重要基础。对于赛事管理者来说,防患于未然是进行体育赛事风险管控的最基本要求。

(二)提高安全意识

1. 提高工作人员的安全意识

定期对体育赛事的全体工作人员进行安全管理培训,提高团队安全防范意识。

2. 提高运动参与者的安全意识

赛事举办期间,应该加强安全知识的讲解和安全事项的说明,提高人们的自我安全意识。

(三)完善管理措施

建立完善的安全管理体系,应明确以下内容:

(1)对设备的正确使用提供具体的指导。

(2)密切关注运动者的安全状态,经常提醒安全事项,及时纠正不安全行为。

(3)重视员工的安全保护,在平时应对员工的安全操作技术进行集中培训,要求持证上岗。

(4)完善安全设施,设置合理的安全通道;设置相应的安全栅栏;针对不同人员、通道进行合理分配,做好人员疏散工作。

(5)防火设备要有专人管理;保证报警设施的安装密度。

(6)配备应急救护设施设备。

(7)体育赛事管理方应与公安部门和消防部门保持紧密的联系,积极接受其部门的监督、检查和指导。

(四)明确风险对策

根据可以防范的风险、意外发生的风险制订相应的风险对策,以便于使体育场地设施的使用控制在安全范围之内,以对赛事风险实现风险的转移、承担、减少来消化赛事风险对赛事产生的消极影响。

参考文献

[1]刘清早.体育赛事运作管理[M].北京:人民体育出版社,2017.

[2]史国生,邹国忠.体育竞赛组织与管理[M].南京:南京师范大学出版社,2008.

[3]路静.大型国际体育赛事的公共外交研究[M].北京:时事出版社,2018.

[4]李海,姚芹.体育赛事管理[M].重庆:重庆大学出版社,2018.

[5]和立新.体育赛事与体育旅游互动视角下北京、上海国际体育中心城市构建研究[M].北京:北京体育大学出版社,2018.

[6]黄海燕.体育赛事与城市旅游业互动发展研究[M].北京:社会科学文献出版社,2018.

[7]李晓霞.当代社会体育赛事流程策划研究[M].北京:中国农业大学出版社,2018.

[8]王守恒,叶庆晖.体育赛事管理[M].北京:高等教育出版社,2007.

[9]宋立,郭春丽等.中国经济新常态[M].北京:中国言实出版社,2015.

[10]王大中,杜志红,陈鹏.体育传播——运动、媒介与社会[M].北京:中国传媒大学出版社,2006.

[11]马铁.新编体育经纪人[M].北京:中国经济出版社,2007.

[12]杨晓生,程绍同.体育赞助导论[M].北京:高等教育出版社,2004.

[13]杨铁黎.体育产业概论[M].北京:高等教育出版社,2010.

[14]万来红.体育场馆资源利用与经营管理[M].武汉:华中科技大学出版社,2010.

[15]顾跃,何兵雄.高尔夫赛事组织与运作[M].长沙:湖南人民出版社,2013.

[16]谈群林.体育场馆经营管理实务[M].广州:华南理工大学出版社,2011.

[17]张长滨.重大事件主导的城市绿色空间整合研究[D].北京林业大学博士论文,2016.

[18]徐晶实.以重大事件为触媒的城市复兴研究[D].中南大学硕士论文,2010.

[19]谢迅,王乃光.大型体育赛事触媒研究——以近三届全运会承办城市为例[J].皖西学院学报,2012,28(2).

[20]金广君.城市设计的"触媒效应"[J].规划师,2006,22(10).

[21]邢通.大型体育赛事与举办城市发展耦合研究[J].体育科技,2017,38(6).

[22]李龙,陈中林.现代竞技体育文化的和谐内涵[J].体育学刊,2007(3).

[23]支强.产业价值链视角下我国马拉松赛事运营模式研究[J].体育文化导刊,2018,10(10).

[24]项蔓.区域体育赛事社会文化环境指标体系研究[J].浙江体育科学,2017,39(1).

[25]马磊.我国体育赛事资源开发及地域配给发展研究[J].西安体育学院学报,2018,35(6).

[26]汪升.媒介视域下安徽体育形象及其提升策略[J].体育世界(学术),2018(9).

[27]肖峰.走向数字化的自我意识[J].中共宁波市委党校学报,2003(3).

[28]钟华梅."互联网+"背景下体育产品消费模式变革研究[J].吉林体育学院学报,2018,34(5).

[29]郑启龙.大型综合体育赛事物流运作策略研究[J].物流

工程与管理,2018,40(10).

[30]赵长杰,蔡俊五.体育赞助的体系[J].武汉体育学院学报,2001(5).

[31]王玥,徐昱枚.探析体育管理控制人才培养[J].体育风尚,2018(7).

[32]钟文.精心培育体育消费新业态[N].人民日报,2018年10月15日第015版.